KB062563

주거혁명 2030

주거혁명 2030

박영숙, 숀 함슨 지음

교보문고

평생의 계획인 주택,
더 깊은 고민이 필요하다

인간의 삶에 기본 요소인 의식주. 그 가운데서 주, 즉 집은 인간에게 휴식과 안전을 제공하는 중요한 요소다. 매일매일 취해야 하는 음식이나 계절별로 갖추어야 하는 옷과 달리 집은 한 채만 있어도 평생 사는 것이 가능하지만, 그만큼 가격 역시 높아 평생 자기 집을 갖지 못한 채 남의 집을 전전하며 사는 사람들도 있다. 그만큼 집을 구하는 것이 인생의 계획에서 매우 중요한 부분이다.

젊었을 때 대출을 받아 집을 구한 뒤 이를 평생 갚으면서 살아가는 모습은 우리 주위의 흔한 풍경이 되었다. 그리고 이로 인한 가계 부채는 사회 문제가 되고 있으며, 미래에 재앙이 되어 우리에게 되돌아올 수도 있다. 왜냐하면, 우리 사회는 곧 인구 절벽을 맞을 것이고 뒤따라오는 주거 절벽도 피해가지 못할 것이기 때문이다.

2008년 전 세계에 금융위기를 몰고 온 주택 담보 대출의 여파는 잦아들었지만, 이후 세계 금융시장에 이전과 같은 평화로움은 사라졌다. 현존하는 금융 시스템의 붕괴가 지속적으로 예고되고 있기 때문이다. 이는 각 국가가 필요할 때마다 화폐를 계속 찍어내는 탓이다. 어려울 때마다 화폐를 찍어 당장 급한 불은 끄지만, 이것은 획기적인 돌파구가 없는 이상 버블이 될 수밖에 없다. 이런 버블 상황이 얼마나 지속될 수 있을까? MIT 미디어랩의 존 클리핑커John Clippinger 박사는 "10년 이내에 기존의 금융질서가 붕괴하고 새로운 대안이 나올 수밖에 없다"고 단언한다. 현존하는 금융 시스템도 거품이나 정부 및 가계부채를 더는 조정할 수 없게 되는 날이 온다는 것이다.

전 세계가 재앙에 가까운 부채의 함정에 빠져 있다. 세계 부채는 1990년 25조 달러에서 오늘날 225조 달러로 급증했다. 부채를 줄이지 못하면 금융 시스템의 붕괴는 시간문제다. 그림자금융의 위협, 부동산 거품, 가계부채가 금융 위기의 최대 주범이며, 지방정부의 과다부채 등이 화약고가 되고 있다는 경고가 매일같이 쏟아져 나오고 있다. 유럽의 위기는 이미 드러났고 미국의 금융 시스템 역시 믿음을 잃고 있다. 비트코인, 이더리움 등의 가상화폐가 천정부지로 뛰고 있는 것이 그 반증이다.

금융 시스템을 믿지 못하다 보니 사람들은 부동산에 투자하려는 경향을 보인다. 특히 우리나라의 경우 '그래도 땅이 가장 안정된 투자처'라는 인식이 강하다. 하지만 인구 절벽을 겪고 있는 북유럽 등에서는 이런 믿음조차 무너져 건물값의 폭락으로 이어지고 있다. 한국도 2018년 인구 절벽이 시작되며, 이후에 태어난 세대가 주택을 주로 구입하게 될 40년 뒤에는 오래된 아파트나 상가 건물 등의 재개발 수요가 사라져 낡아서 살 수 없는 집을 허물고 한두 평밖에 되지 않는 대지 값만 돌려받는 상황이 올 수 있다.

부동산과 금융 시장이 이렇게 불안한 시점에서 내가 《주거혁명 2030》을 집필한 이유는, 인생이라는 큰 계획에서 한두 번의 기회에 지나지 않는 주택과 부동산의 투자를 결정하는 데 큰 그림을 그릴 수 있도록 미흡하나마 도움이 되고자 함이다.

미래는 단 한 가지 모습으로 나타나지 않는다. 다양한 위기와 기회의 모습을 가지고 등장하며, 때로는 기존의 사고방식과 삶의 방식을 송두리째 바꿀 만큼 충격적으로 다가오기도 한다. 그 중에서도 이 책에서 살펴볼 것은 주택과 주거 문화에 관한 내용이다. 여기서는 세 가지 주제를 가지고 살펴볼 것이다.

먼저 앞서 이야기한 대로 사회의 변화가 주택과 주거에 가져올 우울한 변화를 살펴볼 것이다. 인구 절벽, 특히 주택 수요자인 40대의 감소는 주택 시장을 얼어붙게 하는 한편, 비혼과 고령화로 인한 1인 가구의 증가는 작은 주택의 수요를 늘릴 것이다. 또한 교통의 발달과 인공지능artificial intelligence, AI으로 인한 일자리의 감소는 일자리를 찾아 세계 어디로든 이동하는 노마드 nomad: 유목민, 떠돌아다니는 삶 주거 문화를 만들어 빌려 쓰고 공유하는 집, 최소한의 주거 공간 등 새로운 트렌드를 만들어낼 것이다.

두 번째 다룰 내용은 기술의 변화로 인한 주거와 주택의 변화다. 4차 산업혁명의 다양한 기술이 주택 속으로 들어와 집에 단순한 주거 이상의 의미를 부여한다. 자율주행차는 차고를 없애주어 주택을 더 작게 만들고 태양광 에너지는 에너지를 자급자족할 수 있게 해준다. 이뿐만 아니라 집 전체에 AI와 사물인터넷internet of things, IoT이 적용되어 거주자에 최적화된 맞춤 환경을 제공한다. 집은 거주자와 대화하고 그들의 삶을 관리해주는 유기체처럼 변화한다. 이것이 2부에서 주로 다룰 스마트하우스의 최종적인 모습이다.

세 번째로 다룰 내용은 좀더 심각한 문제로, 인류의 삶을 위협하는 기후변화와 주거의 관계다. 지금의 높은 집값이나 도시 집중화 현상 등은 미래 온난화로 인해 삶의 터전 자체가 사라질 수 있다는 위협에 비하면 아무것도 아니다. 기후변화가 이대로 계속된다면 21세기 안에 지구는 인류가 살 수 없는 행성이 될 수도 있다. 3부에서는 기후 변화를 막을 친환경 주택에 대해 논한다. 또 기후변화가 계속되었을 때 극지방이나 땅속, 바다 위, 멀게는 우주로 나가는 인류의 주거 문화를 다룬다.

나는 이 책에서 더 편안하고 미래 지향적인 삶을 살기 위해 지금 당장 우리가 고민해야 할 주택의 문제부터 지구가 아닌 곳에서 꾸려질 삶까지, 미래 100년 주거를 살펴보고자 했다. 다양한 변수로 인해 집이 어떻게 변해가든, 주거는 인류의 삶에서 변함없이 중요한 기본 요소다. 이 책을 읽고 독자 여러분이 더 나은 삶과 주거를 고민하고 해답을 찾아낼 수 있기를 기대한다.

밀레니엄 프로젝트 한국 대표 박영숙

차례

part 1 주거의 의미가 달라진다

1. 피할 수 없는 사회 변화

2. 1일 생활권이 되는 지구

3. 사회가 변하면 주거도 변한다

part 2 기술에 따라 집이 변한다

4. 기술이 바꾸는 세상

7. 메가시티의 등장

part 3 환경이 바뀌면 생활도 달라진다

8. 주거문화를 바꾸는 기후변화

9. 에너지 효율적인 집이 온난화를 저지한다

10. 주거지 혁명

변화의 속도를
체감해보자

1917년에서 2017년까지, 100년 동안 세상은 엄청나게 변했다. 100년 전의 세상은 지금과는 전혀 다른 모습이었다. 1917년과 2017년의 여러 가지 모습을 비교하며 세상이 얼마나 변했는지 한번 살펴보자.

▬ 전 세계 식자율글을 아는 사람들의 비율
  - 1917년 : 23%
  - 오늘날 : 86.1%

▬ 여행시간
  - 1917년 : 런던에서 뉴욕까지 5일이 소요되었고 런던에서 오스트 레일리아까지는 3.5개월이 소요되었다.
  - 오늘날 : 런던에서 뉴욕까지 논스톱 비행이라면 8시간 정도 걸

리고 런던에서 오스트레일리아까지는 한 번의 기착을 포함해 24시간 이내에 도착한다.

미국의 주택가격

- 1917년 : 평균 5,000달러 인플레이션 고려하면 11만 1,589달러에 해당 였다.
- 오늘날 : 2010년 신규주택 평균 판매가격은 27만 2,900달러다.

최초의 햄버거

- 1917년 : 화이트캐슬White Castle의 공동설립자인 월터 앤더슨 Walter Anderson이라는 요리사가 햄버거 롤빵을 발명했다.
- 오늘날 : 미국 전체에서 1년에 약 500억 개의 가까운 햄버거가 소비되고 있다. 미국인이 평균 일주일에 3개의 햄버거를 먹는 꼴이다.

자동차 가격

- 1917년 : 평균 400달러인플레이션 고려하면 8,927달러에 해당였다.
- 오늘날 : 2017년 현재 미국의 평균 자동차 가격은 3만 4,968달 러다.

항공기

- 1917년 : 6월 15일 최초의 보잉Boeing 항공기가 비행에 성공했다.
- 오늘날 : 2015년 현재 약 2만 4,000기의 터보프로펠러 항공기와

중형항공기, 제트기가 항행하고 있다.

코카콜라

- 1917년 : 1916년 7월 1일 현재의 코카콜라가 시장에 선보였다.
- 오늘날 : 2015년 코카콜라는 1,780억 달러의 시가총액을 기록했으며 440억 달러의 수익을 올리고 있다. 매일 200개국 이상에서 19억 인분의 코카콜라가 판매되고 있다.

미국의 평균 임금

- 1917년 : 시간당 평균임금은 22센트 인플레이션 고려하면 4.90달러에 해당 였다.
- 오늘날 : 시간당 평균임금은 약 26달러다.

슈퍼마켓

- 1917년 : 최초의 슈퍼마켓인 피글리위글리piggly wiggly가 1916년 9월 6일 멤피스에 문을 열었다.
- 오늘날 : 2016년에 3만 8,015개의 슈퍼마켓이 있으며 340만 명의 근로자를 고용하고 있고 6,500억 달러의 매출을 기록하고 있다.

억만장자

- 1917년 : 9월 29일 존 록펠러John Rockefeller가 세계 최초의 억만장

자가 되었다.
- 오늘날 : 약 1,810명의 억만장자가 있으며 이들의 순자산가치 합계는 65조 달러에 이른다. 참고로 록펠러의 자산가치는 오늘날로 환산했을 때 3,400억 달러에 이르며, 오늘날 세계에서 가장 부자인 빌 게이츠의 자산은 840억 달러다.

— 전화
- 1917년 : 8%의 가정만이 유선전화를 보유하고 있었다.
- 오늘날 : 미국 인구의 약 80%가 스마트폰을 가지고 있다. 현재 모든 미국 가정의 거의 절반은 유선전화를 사용하지 않고 휴대전화만 사용한다.

— 교통수단
- 1917년 : 1912년 뉴욕에서 최초로 말보다 자동차가 많아졌다.
- 오늘날 : 2015년 현재 미국에만 약 2억 5,300만 대의 자동차가 있다.

— 인구
- 1917년 : 미국 인구가 1억 명을 돌파했으며, 전 세계 인구는 19억 명에 이르렀다.
- 오늘날 : 미국의 인구는 3억 2,000만 명이며, 전 세계 인구는 2017년에 75억 명을 돌파할 것으로 예상된다.

발명과 기술

- 1917년 : 1917년의 중요한 발명품은 전등 토글스위치_{아래위로 젖히게 되어 있는 스위치}였다.
- 오늘날 : 생명체의 재프로그래밍을 가능하게 하는 크리스퍼/카스9_{CRISPR/Cas9} 유전자 편집 기술, AI, 센서, 네트워크, 합성생물학, 소재공학, 우주 탐사 등의 새로운 기술이 매일 쏟아지며 발전하고 있다.

고등학교 졸업 비율

- 1917년 : 미국인 중 6%만이 고등학교를 졸업했다.
- 오늘날 : 미국인 중 80% 이상이 고등학교를 졸업한다.

빵 가격

- 1917년 : 빵 한 덩어리의 가격은 0.07달러_{인플레이션 고려하면 1.50달러에 해당}다.
- 오늘날 : 빵 한 덩어리의 가격은 2.37달러다.

속도 제한

- 1917년 : 대부분의 도시에서 최고 제한 속도는 시속 10마일_{약 16km}이었다.
- 오늘날 : 대부분의 도시에서 최고 제한 속도는 시속 70마일_{약 112km}이다.

미래의 변화 속도는 더욱 빨라지고 있다. 21세기에 들어 많은 지식인과 미래학자들은 앞으로 10년간 벌어질 변화가 지난 100년간 벌어진 변화만큼 거대하다고들 말한다. 그리고 변화가 시작된 지금 시점에서는 오히려 지난 100년간의 변화보다 더 혁명적인 변화가 일어날 것이라고들 말한다. 우리는 그중에서도 우리 삶에 가장 밀접한 '주거' 즉 생활을 중심으로 그 변화의 미래를 살펴볼 것이다.

part 1

주거의 의미가
달라진다

1

피할 수 없는
사회 변화

세계적으로 나타나는 고령화와 인구 감소

세계 인구는 증가 속도의 둔화에도 불구하고 2050년에 96억 명에 달할 것이다. 인구 증가의 대부분은 개발도상국, 그중에서도 특히 도시에서 이루어질 것이다. 연령 구조도 변한다. 세계 인구 연령의 중앙값은 2010년의 28세에서 2050년에는 36세가 될 것이다. 그리고 65세 이상의 인구는 8%에서 16%로 늘어날 것이다. 여성이 남성보다 오래 살기 때문에 고령화된 인구에는 여성이 더 많을 것이다.

이민 패턴 또한 변한다. 예측에 의하면 경제는 미래 인구 변화의 유일한 변수가 더 이상 아니다. 기후변화와 환경의 질적 저하 또한 중요한 변수가 된다. 2050년에는 기후변화로 인해 2,500만 명에서 10억 명에 이르는 상당한 이민이 유도될 것이다. 유엔의 유럽에 대한 인구통계학적 예측은 심각한 수준이다.

- 유럽 인구 중 15세 이하 인구의 비율은 2004년 16.4%에서 2050
  년 13.4%로 낮아질 것이다.
- 65세 이상 인구의 비율은 2004년 16.4%에서 2050년 29.9%로
  높아질 것이다.
- 생산가능인구의 비율 만15세~64세은 2004년 67.2%에서 2050년
  56.7%로 낮아질 것이다.
- 2004년에 생산가능인구 두 명당 한 명꼴로 비경제활동인구가
  있었다면, 2050년에는 생산가능인구 네 명당 세 명꼴로 비경제
  활동인구일 것이다.
- 대체로 세계 인구에서 유럽 인구가 차지하는 비율은 오늘날
  11.9%에서 2050년에는 7.7%로 낮아질 것이다.

우리나라도 사정은 다르지 않다. 2016년 우리나라의 합계출산율
은 1.17명으로 OECDOrganization for Economic Cooperation and Development: 경제
협력개발기구 국가 가운데 가장 낮았다. 출산율이 이미 수년째 세계 최
하위를 기록하고 있는 데다, 고령화율은 13.8%로, 급속히 진행되어
2026년에 초고령사회로 들어설 것으로 예측된다. 한국은 세계에서
가장 빠른 속도로 고령화가 진행되고 있어 2050년에는 세계 최고령
국가가 될 것이라는 전망이 나왔다.

한마디로 '인구 절벽'이다. 이는 미래학자 해리 덴트Harry Dent가 처음
사용한 말로, 소비지출이 가장 많은 45~49세 연령대의 인구가 줄어
들면 경제 성장이 서서히 둔화하고, 특히 소비가 급감하며 경제활동

이 위축되는 현상을 말한다. 그는 우리나라의 45~49세 인구가 2018년 436만 2,000명으로 정점을 찍은 뒤 감소세를 이어가는 인구 절벽이 시작된다고 전망했다.

2012년 영국의 일간지 〈데일리 텔리그래프Daily Telegraph〉는 '대안을 마련하지 않으면 2750년에는 한국인이 멸종할 것'이라고 예측했다. 밀레니엄프로젝트The Millennium Project: 글로벌 미래연구 싱크탱크로 인류의 지속 가능성을 위한 문제해결 방안을 연구한다 역시 2006년에 발표한 자료에서 2300년경에 한국 인구는 5만 명으로 여자 3만 명 남자 2만 명만 남을 것이라고 했다.

인구 절벽을 맞는
한국의 부동산 절벽

2018년 한국의 인구 절벽을 기점으로 부동산 가격 역시 하락세를 보일 것이라는 전망이다.

단순히 인구가 줄어들기 때문에 경제 활동이 위축되는 것은 아니다. 고령화되면서 상대적으로 생산가능인구가 줄어드는 것이 가장 큰 문제다. 돈을 벌지 못하면 소비는 위축된다. '집'을 구입하는 활동에 타격이 오는 것은 당연한 결과다.

일부 전문가들은 인구 감소로 인해 부동산 가치가 하락할 수밖에 없다고 말한다. 한편 인구가 감소해도 인구구조의 변화로 부동산이 하락할 일은 없을 것이라고 말하는 전문가들도 있다. 그렇더라도 주택시장의 미래는 급격한 인구구조 변화에 영향을 받을 것이라는 점에는 이견이 없다.

일본을 보더라도 생산가능인구의 정점과 부동산 거품이 붕괴하는 시점이 일치했다. 학업을 위해 집을 떠나는 대학생과 30대 초중반의 결혼 적령기인 이들에게서 부동산 수요가 주로 발생하는 점을 고려할 때, 이들 생산가능인구의 감소는 부동산에 치명적이었다. 일본의 생산가능인구가 감소하기 시작한 시점으로부터 시작된 장기불황은 20년 이상 계속되고 있다.

프랑스, 영국, 독일 등 대부분의 유럽 국가에서도 일본과 비슷한 시기에 생산가능인구가 하락세로 접어들었다. 하지만 부동산의 움직임은 일본과 달리 완만한 상승을 이어갔다. 일본과 달리 유럽은 동유럽과 아랍 인구의 유입, 노동인구의 증가가 계속되고 있기 때문이다.

가계 자산 중 부동산 비중이 유럽보다 훨씬 높은 우리나라는 총인구의 감소가 상상 이상의 큰 영향을 줄 가능성이 높다. 특히 한국은 일본과 마찬가지로 이민이 자유로운 국가가 아니기 때문에 일본의 부동산 절벽 사례와 유사한 길을 가게 될 것이다.

인구의 감소는 고령화에도 박차를 가할 것이다. 우리나라의 저출산 추세가 이대로 계속된다면 2050년에 10명 중 4명은 노인 인구가 될 것이다. 통계청에 따르면 우리나라 인구는 2015년 5,062만 명에서 2030년 5,216만 명으로 정점을 찍은 뒤 2060년 4,395만 명으로 줄어들 것으로 보인다. 그중에서도 생산가능인구는 2016년 3,695만 명으로 정점을 찍은 뒤 2030년경에는 3,289만 명, 2060년에는 2,186만 명 수준으로 감소할 전망이다. 설상가상으로 고령인구는 급속도로 늘어나서 2060년 65세 이상 비중은 40.1%로 예상된다.

부동산 불패 신화는 인구 변화보다 먼저, 금융위기를 겪으며 무너지기 시작했다. 불황의 여파로 취업이 계속 어려워지면서 젊은 세대의 부동산 수요가 급속히 줄어들었다. 심지어 일부 젊은 세대는 일자리를 찾아 해외로 떠나는 사례도 나타나고 있다. 미래에 이런 변화는 더 급속도로 진행되어 무정착·무소유 시대의 부동산 절벽이 온다. 묻어두면 언젠가는 효자 노릇 할 때가 올 것이라는 막연한 생각으로 접근해서는 안 되는 것이다.

서울과 수도권은 일자리를 구해 이동해오는 인구로 인해 당분간은 인구 감소가 나타나지 않겠지만, 헤리 덴트가 말한 2018년 인구 절벽을 예감이라도 하듯 비수도권의 쇠퇴현상은 현실로 나타나고 있다. 인구가 빠져나간 비수도권은 경제활동인구, 그중에서도 특히 젊은층의 이탈로 집값과 땅값이 하락하고 있다. 인구가 감소하면 성장률이 둔화되고 빈 주택이 늘어날 것은 뻔하다.

더불어 빠르게 진행되는 고령화 현상도 부동산 시장에 미치는 영향이 막대하다. 특히 주택 수요의 핵심 계층인 40대로의 진입 인구는 2014년을 정점으로 2020년까지 50만 명이, 2025년까지는 약 100만 명이 감소할 것으로 예상된다. 이들 인구의 감소는 결국 주택산업 및 경제 성장에 큰 타격을 줄 것이다.

가족의 해체와
1인가구 시대

부동산에 영향을 주는 요인으로 미래 급속히 증가할 1인가구를 빼놓을 수 없다. 인간의 수명이 길어지며 1인가구는 전 세계적인 추세가 되었다. 우리나라도 예외는 아니어서 전체 인구는 감소하고 있지만 1인가구는 오히려 증가 추세다. 젊은 세대는 결혼을 미루거나 비혼을 추구하는 독립 가구가 늘어나고, 노인들도 자녀와 동거하지 않고 혼자 사는 가구가 늘면서 2016년 1인가구 비율은 27.1%로 30년 전인 1980년4.8%보다 22.3% 증가했다. 또 2인가구 역시 26.1%로, 전체 가구의 절반 이상이 1~2인의 소형 가구가 되었다. 1인가구의 증가 속도는 더 빨라져서 통계청에 의하면 2035년에는 전국 모든 시도에서 1인가구 수가 1위에 오르며, 전체 가구의 34.3%를 차지할 것으로 내다봤다.

문제는 1~2인가구를 구성하는 대부분이 소득수준이 상대적으로 낮다는 점이다. 이들은 현재 수도권의 4억 원 이상 가는 아파트의 수요 집단이 아니다. 특히 젊은 층보다 더 급격히 늘어나는 60대 이상의 1~2인가구는 오히려 보유한 부동산을 파는 가구이므로 부동산 시장의 침체는 더욱 가속화될 것이다.

이런 경향은 대형 평수의 주택에서부터 먼저 시작된다. 이미 시장의 실수요에서 59~102㎡ 수준의 아파트가 단위면적당 분양가가 가장 높은 것만 봐도 알 수 있으며 청약 경쟁률 역시 소형 아파트가 가장 치열하다.

주택의 전체적인 수요가 줄어드는 것은 물론 대형 주택의 수요는 더욱 줄어들고 대신 소형 주택의 수요가 오히려 늘어날 수도 있다. 이에 따라 앞으로 주택은 소형의 공급이 중요하다. 1인가구 수가 증가하면 대표적인 가족의 형태였던 4인가구를 기준으로 세워진 각종 정책의 변화 역시 불가피하다. 그 가운데 하나가 소형 임대주택이다.

국토해양부는 현 임대주택의 기준이 4인가구에 맞춰져 있어 1~2인가구가 상대적으로 소외당하고 있다며, 기초생활보장 수급자 등 저소득층에게 공급되는 임대주택의 기준도 4인 기준에서 1인으로 바꾸는 것을 검토하고 있다. 지자체 가운데서는 서울시와 용인시가 여성 1인가구를 위한 임대주택을 지원한 적이 있으며, 2017년에는 정부 차원에서 시중 임대 가격보다 70% 싼 여성 전용 공공임대주택 계획을 내놓았다. 여성에게 우선 지원하는 이유는 혼자 사는 여성의 범죄 피해가 많기 때문이다.

2015년 기준 서울시의 여성 1인가구는 60만 3,317명으로 전체 가구 가운데 15.4%를 차지했다. 이들 대부분은 20~30대 젊은 여성들이지만, 전국적으로 1인가구를 놓고 보면 고령자들이 많다. 1인가구는 고령화 사회의 특징이기도 하다.

2017년 9월 26일 통계청이 발표한 '2017년 고령자통계'에 따르면 2016년 가구주 연령이 65세 이상인 고령자 1인가구는 129만 4,000가구로, 전체 고령자 가구 가운데 33.5%를 차지한다.

21세기 초 저출산, 고령화가 전 세계적 이슈로 등장하고 있는 시점에 고령화 사회에 대한 대응 방향을 제시해야 한다. 특히 고령화가 세계에서 가장 빠른 속도로 진행되고 있는 한국의 경우, 국가 정책의 방향을 설정할 때도 이를 고려해야 한다.

실제로 인간의 수명 60년을 기초로 만들어진 모든 국가의 정책들이 서서히 바뀌고 있다. 선진국 대부분이 고령화로 접어들고 있으므로 고령인구의 증가, 일자리 창출, 보건의료 비용의 증가, 교육제도의 변화 등을 고려해야 한다. 특히 일자리와 의료, 교육 등 무형의 지원은 그때그때 적용하는 것이 어렵지 않지만 주거 등 일정한 형태의 지원은 미리 대비해두지 않으면 미래가 닥쳤을 때 빠르게 대처하지 못할 수도 있다. 따라서 미래 부동산 절벽과 1인가구로 인한 수요의 변화는 지금 우리가 주시하고 대처해야 할 현실이다.

빈집 급격히 늘어
부동산 가치 사라진다

지난 10여 년간 집값이 4배 가까이 폭등했던 홍콩의 부동산시장이 2016년 이후 완전히 얼어붙었다. 〈사우스차이나 모닝 포스트South China Morning Post〉에 따르면 홍콩의 2016년 상반기 부동산 거래 건수는 2만 6,571건으로, 2015년4만 3,636건과 비교해 39.1% 줄었다. 이는 회사가 조사를 시작한 1991년 이후 최악의 기록이다. 금액으로는 1,895억 홍콩달러약 28조 5,000억 원로 전년 대비 약 40% 감소했다. 골드만삭스Goldman Sachs는 홍콩 주택 가격이 2018년까지 20% 더 떨어질 것으로 전망했다.

일본 역시 부동산 절벽을 눈앞에 두고 있다. 특히 일본의 경우 인구는 줄어들고 부동산 대출은 늘어나 우리와 비슷한 상황이다. 2016년 3월 기준 일본의 부동산 대출 규모는 67조 엔671조 원으로 1980년대 후반 자산 버블 당시보다 큰 수치를 기록했다. 대다수의 일본 부동산 전문가들은 2020년 도쿄 올림픽 이후 빈집 문제가 큰 사회문제가 될 것이라고 예측한다.

일본 총무성이 5년마다 발표하는 '주택·토지통계조사'에 따르면 일본 전국의 빈집 수는 2013년 현재 820만 호로 일본 내 총주택의 13.5%에 달한다. 노무라 종합 연구소는 지방지역의 고령화와 인구 감소로 인해 2018년 일본의 빈집 수가 1,000만 호를 넘어설 것이라고 전망했으며, 2023년에는 1,396만 호로 5채 중 1채는 빈집이 될 것이라고 내다봤다. 실제로 도쿄의 빈집 비율은 10.9%로 비율로는 낮지만 빈집 수는 약 81만 7,000호로 일본 내 1위다. 오사카가 그 뒤를 이어 67만 9,000호의 빈집을 갖고 있다.

그럼에도 주택의 신축은 끊이질 않으며 부동산 가격 역시 계속 오르고 있다. 여기에는 단카이 세대일본의 베이비붐 세대의 상속 대책으로 주택이 떠오른 것이 큰 부분을 차지하고 있다. 상속세법상 현금 자산을 물려주는 것보다 부동산을 물려줄 경우 평가액이 낮아져 세금을 덜 낸다. 게다가 도쿄 올림픽에 따른 기대감도 한몫하고 있다. 하지만 2020년 도쿄올림픽을 전후로 투자자금이 억제되고 금리 인상이 가시화되면 부동산 시장은 급격히 얼어붙을 수 있다. 게다가 800만 명이 넘는 단카이 세대가 70세 이상이 되어 의료기관이나 노인시설의 입주가 본격화되면 이들이 거주하던 집은 빈집이 될 것이다.

초고령사회를 향해 빠르게 달리고 있는 우리나라 역시 머지않아 이와 같은 미래를 맞이할 것이다. 2017년 8월 1일 통계청이 발표한 '2016년 인구주택총조사 전수집계 결과'에 따르면 2016년 11월 기준 우리나라 총주택은 1,669만 2,000가구로 전년 대비 2.0%^{32만 5,000가구} 증가했다. 1년 사이 전체 가족 수는 전년 대비 27만 7,000가구 늘었다는 점을 고려하면 주택이 5만여 가구가 더 늘어난 것을 알 수 있다.

2016년 사람이 살지 않는 빈집은 112만 호로 전년 대비 5만 1,000가구 늘어난 것으로 조사됐다. 일본의 820만 호에 비하면 적은 숫자이지만 우리나라의 저출산율과 빠른 고령화를 고려하면 빈집은 수년 안에 지방을 중심으로 기하급수적으로 늘어날 것이다.

인구 감소는 그동안 침체와 불황을 몰랐던 건설업계의 판을 완전히 뒤집을 것이다. 이제는 낡은 건물을 부수고 다시 짓는 것 외에, 새로운 수요에 의해 빌딩과 아파트를 지을 일이 점점 사라질 것이기 때문이다. 이홍일 한국건설산업연구원 연구위원은 〈2030 건설시장 미래전망 보고서〉에서 "현재 신규 주택 수요는 연간 약 40만 호이지만 2030년까지 연평균 7,000~8,000호씩 꾸준히 감소할 것"이라고 전망했다.

서울 천만 인구 붕괴,
주택 수요층 감소

    서울시 인구 '1,000만 시대'가 막을 내렸다. 통계청에 따르면 1988년 1,000만 명을 돌파한 이래 28년 동안 1,000만 명을 유지해오던 서울의 인구가 2016년에 993만 616명으로 집계되었다. 서울 인구가 줄어든 데는 여러 가지 이유가 있다. 집값, 전세비용의 급등으로 인해 주거비 부담이 증가한 한편, 교통상황이 개선되어 출퇴근이 가능해진 수도권으로 이동한 이유가 가장 크다.

    경기도로 이동한 인구는 2030세대의 젊은 부부와 그 자녀들이 다수를 차지했다. 통계청의 '2016년 3월 국내 인구이동통계' 자료에 따르면 2016년 3월 서울에서 경기도로 이동한 인구 1만 280명 가운데 50%가량인 5,008명이 0세~9세와 20세~39세였다. 이는 특히 2014년 이후 전세가 사라지는 추세에 따라 월세나 부동산 구매가 부담스러운 젊은 세대가 경기도로 밀려난 것으로 해석된다.

한편 서울은 인구가 줄어들 뿐만 아니라 이전에는 없었던 급속한 고령화로 성장 잠재력 역시 약화될 것이다. 실제로 2000년에 5.3%였던 서울시에 65세 이상 인구 비율이 2005년에는 7.1%로, 2010년에는 9.4%로 증가세를 보였다. 서울시의 생산가능인구 역시 지속적으로 감소할 것으로 보인다. 생산가능인구는 2000년에 767만 명에서 2005년 763만 1,000명으로 감소했다가 2010년 765만 명으로 소폭 증가했다. 하지만 2010년을 정점으로 감소로 돌아서, 2020년에는 718만 7,000명으로 줄어들 것으로 보인다.

한편 외국인 거주자 및 국제결혼의 증가로 다문화 사회가 빠르게 도래하고 있다. 지난 10년간 내국인 수는 큰 변동이 없었지만, 외국인 수는 5배 가까이 증가했다. 서울 거주 외국인 수는 2009년에 5만 7,189명이던 것이 2005년 12만 9,660명, 2010년에는 25만 770명으로 지속적인 증가 추세에 있다. 다문화 가정의 증가로 인한 사회 구성원의 다양화가 진행되고 있는 것으로 보인다. 다문화 가정은 2010년에 4만 1,123가구가 있는 것으로 조사되었으며, 2020년에는 10가구 중한 가구는 다문화 가정이 될 것으로 예상된다.

서울 같은 대도시의 인구가 줄어드는 것은 세계적인 추세다. 밀레니엄프로젝트의 예측에 의하면 2020년부터 전 세계적으로 인구의 탈脫도시 현상이 증가할 것이다. 이는 2100년까지의 미래를 예측한 프랑스 정부의 프로젝트에서도 같은 결과가 나왔다.

하지만 그 이유는 조금 다르다. 지금은 집값이 비싸기 때문에 도시를 벗어나고 있지만 미래에는 환경의 영향이 커진다. 한 보고서에 따르면 건강을 유지하기 위한 최상위 조건은 식사도 운동도 아닌 공기와 물이라는 결과가 나왔다. 지금과 같은 환경에서는 아무리 노력해도 건강을 유지할 수 없는 것이다. 현재 우리나라는 봄에만 심하던 황사와 미세먼지가 계절을 가리지 않고 찾아와 국가 전체가 몸살을 앓고 있다. 이는 중국 역시 마찬가지인데, 밀집도가 높은 도시 일수록 공기 오염은 이미 한계에 달해 있어 머지않아 도심 대탈출이 일어날 것으로 예측되고 있다. 그 시작점을 2020년으로 꼽는 미래학자들이 많다. 이는 기술의 발달로 스마트워크가 가능해지고 집에 오피스 공간을 마련하는 오피스 셰드office shed가 일반화될 것으로 예상되기 때문이다.

　도시 오염이 심화되면 부유층부터 마이크로시티, 즉 네트워크화된 중소도시나 교외로 이동할 것이다. 이로 인해 도심이 텅 비는 도심공동화가 시작될 것으로 보인다. 우리나라의 경우 특히 외국인근로자들이 모이는 대도시 특정 지역의 슬럼화가 예상되고 있어서 구로디지털단지와 대림동 등 지역의 인구는 더 급격하게 줄어들 것으로 보인다.

'기본소득' 제도로
평생 소득 보장

밀레니엄프로젝트는 '일자리2050' 프로젝트를 통해 2050년에는 세계 모든 국가가 기본소득 제도를 도입할 것으로 예측했다. 2040년에 부유한 국가들 위주로 기본소득을 보장하게 되고 2050년에는 대부분의 국가에서 기본소득을 보장하는 것이다. 이 제도의 재원은 대부분 부정부패의 벌금, 탈세 징수 등의 방법과 AI가 인간을 대신하는 노동력이나 서비스에 세금을 부과하고 환경세를 도입하는 등 다양한 세원으로부터 충당한다는 전망이다.

보편적 기본소득basic income guarantee은 재산이나 소득의 많고 적음, 노동 여부 또는 노동 의사와 상관없이 모든 사회 구성원 개개인에게 균등하게 지급되는 소득을 말한다.

2017년 핀란드는 전 국민을 대상으로 하되, 우선은 실업자 가운데 2,000명을 무작위로 선정해 매월 560유로약 70만 7,000원의 기본소득을 제공하고 있다. 캐나다의 온타리오주 역시 2017년 6월부터 1년 이상 빈곤한 생활을 해온 18~64세의 주민에게 기초소득을 지급해 주민의 13%에 해당하는 빈곤층이 이를 통해 얼마나 개선될지 실험하기 시작했다.

기술 진보로 일자리 부족이 심화되는 상황도 기본소득 필요성을 뒷받침한다. 2017년 초 스위스 다보스 포럼에서는 2020년까지 500만 개가 넘는 일자리가 로봇, AI, 유전공학의 발전으로 사라질 것이라고 예측했다. 국가 경제는 전체적으로 성장함에도 고용은 늘어나지 않는 '고용 없는 성장' 현상이 벌어지는 것이다. 이런 상황에서 기본소득을 보장해 소비를 늘리는 것이 경제 성장에 도움이 된다는 의견이 설득력을 얻고 있다.

기본소득 제도는 절대적 빈곤을 철폐하고 상대적 빈곤을 줄이며, 노동조건을 향상시키고 노동자의 권익을 늘려줄 것이다. 생계를 위해 직업을 갖는 일자리 경제에서 자아실현 경제로 전환이 시작되었다.

기본소득은 주거 환경에도 변화를 가져올 것이다. '생산가능인구'라는 경제용어가 만들어진 것처럼, 인간의 평균수명과 소득이 있는 기간 사이에는 격차가 있다. 따라서 소득이 없는 노후를 준비하는 것이 소득이 있는 시기에 해야 할 중요한 숙제였다. 특히 주거는 그 가운데서도 가장 큰 부분을 차지했다. 소득이 있을 때 집을 사둬야 노후를 보낼 터전이 생기기 때문이다. 하지만 기본소득이 살아 있는 동안 계속 주어진다면, 집을 특별히 사지 않아도 월세 개념으로 평생 사는 것도 가능해지는 등 주택 소유에 변화가 찾아올 것이다.

혈연에서 확장되는
미래 가족 구조

  세계화가 진행되고 개인의 자유가 늘어나면서 미래에는 가족 구조
가 크게 바뀔 것으로 보인다. OECD는 미래의 가족 구조가 인구 변
화, 출산율, 사망률, 이민, 노동 이주, 경제 발전, 노동시장 전망의 영
향을 받아 큰 변화를 보일 것으로 예측한다. 특히 수명 연장으로 인
해 4~5세대가 한 가족으로 살 수도 있는데, 앞서 언급한 이민, 노동
이주 등으로 인해 4~5세대가 동시에 생존하더라도 따로 살게 되는 1
인가구로 이어질 가능성 역시 높다.

  여기서 더 나아가 0.5인가구라는 용어도 등장했다. 이는 일주일
중 5일은 독립된 생활공간에서 보내고 주말은 부모의 집으로 가거
나 여행을 떠나는 싱글족을 말한다. 0.5인가구는 집에 머무는 시간
이 짧다는 점에서 1인가구와 차이가 있다. 집에서 생활하는 시간이
적은 만큼 일반 1인가구보다 가구와 가전제품이 적고 그만큼 집도

작다.

아널드 브라운Arnold Brown은 '새로운 가상사회의 인간관계, 커뮤니티, 정체성Relationships, Community, and Identity in the New Virtual Society'이라는 기사에서 '핵가족'이 이미 다른 형태로 변하고 있다고 밝혔다. 지역사회 또한 1인가구의 원룸이 늘어나면서 많은 사람이 파트너로서의 관계는 유지하지만, 실제로 함께 생활하는 가족은 급속히 줄어든다고 한다.

수명 연장으로 평균수명이 100~130세가 되면 평생 한 사람과 80~90년을 사는 경우는 줄어들고 혼자 사는 1인가구나 법적 가족보다는 좀 더 느슨한 파트너십으로 함께 사는 가족이 되는 것이다. 특히 이동성이 증가하고 언어와 국경의 장벽이 사라지면, 인종의 경계도 옅어져 혼혈이라는 말이 의미 없어지는 미래가 온다. 인종 간 결혼이 극적으로 늘어나는 것이다.

가족이란 원래 혈연관계로 이어진 사람들의 집단을 말한다. 그런데 요즘은 가족의 의미가 변형 또는 확장되어 한 집에서 함께 사는 '가족'으로 통용된다. '셰어하우스'처럼 단순히 집을 공유하는 이들을 가족이라고 할 수는 없겠지만 반려동물을 가족처럼 여기는 사람들이나, 경제공동체를 이루며 살아가는 두 명 이상의 사람들, 안드로이드처럼 혼자 사는 사람들의 생활 전반을 도와줄 로봇까지 가족으로 보는 미래도 찾아올 것이다.

아이를 낳지 않는
가족

전 세계 출산율이 계속 떨어지고 있다. 라이프스타일의 변화, 경력 단절, 양육비 증가 등으로 인해 출산율이 떨어져 소가족 구조로 변한다. 이는 현재 선진국의 추세이지만 얼마 지나지 않아 개발도상국에까지 확대될 것으로 예상된다. 가정의 평균 자녀 수는 전 세계적으로 줄어들어 전 세계 평균 자녀 수가 1980년에 가구당 2.2~2.3명이었던 것이 2020년에는 중동과 아프리카를 제외한 거의 모든 국가에서 가구당 1.0에 도달할 것으로 예상된다. 그 결과 전 세계적으로 무자녀 가정이 꾸준히 증가할 것이다.

무자녀 가정은 동성결혼이 늘어나면서도 자연스럽게 형성되는 구조다. 동성결혼은 전 세계적으로 합법화하는 추세다. 2017년 4월 현재 동성결혼 허용국은 세계 최초로 이를 합법화한 네덜란드를 비롯해 벨기에, 스페인, 노르웨이, 스웨덴, 프랑스, 뉴질랜드, 아르헨티나,

남아프리카공화국, 캐나다 등 아시아를 제외한 전 대륙에서 등장하고 있다. 또한 멕시코, 미국, 영국 등이 일부 지역에서 동성결혼을 허용하고 있으며, 아일랜드, 베네수엘라, 독일, 이탈리아 등의 국가들이 동성결혼 허용을 추진 중이다. 특히 2017년 5월에 대만 최고법원이 동성결혼을 금지한 현행법을 위헌이라고 판단하면서 대만은 아시아 최초의 동성결혼 허용 국가가 될 가능성이 커졌다.

1인가구와 무자녀가정은 1980년 12~12.9%에서 2020년에는 전 세계 가구 중 15.5~16.7%를 차지할 것으로 보인다. 한편 핵가족, 즉 부부와 자녀로 구성된 가족이 1980년 48.5%에서 2020년에는 42.6%로 감소할 전망이다. 그렇더라도 2020년까지는 핵가족이 가장 많은 가족구조로 약 9억 1,600만 명이 될 것이다. 유럽에서 핵가족이 가장 많이 감소하는데, 1980년 14.5%였던 것이 2020년에는 9.4%로 줄어들 것으로 보인다.

핵가족은 대부분 삶의 질이 높은 것으로 나타나 이들의 증가는 세계적으로 삶의 질이 개선되는 증거라고도 볼 수 있다. 이들은 가정용품 및 서비스와 같은 재량 지출의 여지가 높고 자동차를 소유하며, 자녀 교육에 더 많이 지출할 가능성이 높다. 중국에서는 3인가구, 즉 핵가족에서 2012년 국가 전체 소비 지출의 39.5%인 1조 1,000억 달러를 지출했다.

한편 1인가구 역시 중요한 소비자가 되는데, 가족이 없는 젊은 독신가구가 전기제품, 휴대전화 및 노트북, 교통, 엔터테인먼트, 레저활동, 통신비용에서 더 많은 지출을 하고 있기 때문이다. 또한 1인가구가 급속히 늘면, 그들이 원하는 소형 주택이 수요를 따라가지 못해 작은 규모의 집이 거의 없는 미국이나 영국의 경우 만성 주택 부족으로 이어질 수도 있다.

기혼인구가 미혼인구보다
적어진다

수명 연장으로 사랑의 모습도 변한다. 의학이 발달하지 않은 고대나 중세 시대에는 평균수명이 20~30세 수준이었고 40세까지만 살아도 장수했다는 이야기를 들었다. 내부에서 발병하는 병은 물론 외상도 제대로 치료하지 못했던 이 시대에는 아프거나 다치면 대부분 죽음으로 이어졌고, 흑사병이나 감기 같은 유행병이 한번 휩쓸면 남녀노소 할 것 없이 엄청난 사망자를 냈기 때문이다.

그러니 생존확률이 낮은 만큼 살아남을 가능성을 위해 더 많이 출산해야 했다. 흥부의 자식이 10명을 넘는 것도 다 이유가 있었다. 평균수명이 낮다 보니 출산이 가능한 시기에 가능한 한 빨리, 많이 출산해서 인류를 보전해야 한다는 본능은 이성에 대한 욕구와 사랑이라는 형태로 나타났다.

그런데 다양한 방법으로 수명 연장이 가능해지면서 인류의 오랜 본능조차 변하기 시작한다. 지금도 결혼이 꼭 필요하다고 생각하지 않는다는 여론조사가 종종 등장한다. 경제 불황 등으로 인한 이유도 있지만 인류의 오랜 생존 본능이 한결 누그러진 탓도 있다.

사랑과 관련된 호르몬은 사용하지 않으면 서서히 옅어지면서 욕구 또한 감퇴한다. 삶의 속도가 빨라지고 정보가 홍수처럼 밀려오면서 우리 삶은 점점 더 다른 관심거리를 찾는다.

그중에서도 가장 대표적인 것이 가상현실virtual reality, VR이다. 인간은 육체적인 쾌락 대신에 정신적인 만족감과 쾌락을 사이버 공간에서 찾는다. 예를 들어 극단적이긴 하지만 게임에 빠지면 식사도 잠도 거르고 게임만 하게 된다. 게임은 육체적 쾌락이 아닌 뇌로 체감하는 쾌락을 즐기는 미래의 모습을 단적으로 보여주는 사례다.

앞으로 가상현실 디스플레이 기술이 발달하면 현실과 똑같은 가상공간에서 헤어나지 못하는 중독자들이 더욱 늘어날 것이다. 이성 간의 사랑 대신 지식을 채우는 데서 만족감이나 행복감을 얻는 것이다. 심지어 출산 역시 디자이너 베이비가 탄생하면서, 인공수정을 통해 출산하는 것이 자연스러워질 것이다. 그런 미래가 오면 성관계는 더는 출산과 관계없는 행위로 변한다.

서구의 결혼은 이미 라이프스타일을 즐기고자 하는 소수의 선택에 의해 감소되고 있다. 예를 들어 영국의 기혼인구는 2014년 41%로, 2009년 50%에서 9% 감소했다.

한국의 경우 2014년 기준으로 15세 이상 인구 중 미혼은 38.6%로 OECD 회원국 가운데 가장 많았다. 기혼인구 역시 55.8%로 OECD

평균인 52.4%를 웃돌았다. 이는 동거·별거·이혼가구의 비율이 낮고 OECD 회원국 중에 가족 형태가 비교적 획일적이기 때문이다. 2030년에는 전 세계적으로 미혼인구가 기혼인구보다 많아질 것으로 예상된다.

비혼의 경향은 1980년대에 시작되었다. 사회에서 요구하는 학력, 사회적, 경제적 스트레스는 부부에게 점점 더 큰 부담을 가했으며 종교기관의 쇠퇴로 결혼이 삶의 의무처럼 되던 과거의 시선이 바뀌었다. 기혼인구 감소의 또 다른 요인은 가상현실의 발전에 있다. 2030년이 되어 현실과 구분되지 않을 정도로 발전한 가상현실은 모든 연령대의 사람들로 하여금 외부 세계와 상호작용할 필요성을 그다지 느끼지 못하게 할 것이다.

생활의 파트너는 심지어 AI가 될 수도 있다. 인간처럼 사고하고 상호작용하는 다양한 AI가 혼자 사는 인간의 외로움을 책임지는 것이다. 대신 인간이 애정을 느끼는 대상 역시 다양해진다. 현재처럼 이성 간의 애정을 비롯해 가족, 동물에게 애정을 갖게 되기도 하며 쾌락을 좇는 대상인 지식과 일에도 애정을 느끼게 된다.

2040년이 되면 결혼제도 자체가 소멸할 수 있다. 일자리를 찾아 세계를 이동하며 살게 될 미래에는 가족을 만들 여력이 없거나 관심이 없어지면서 결혼 대신 상황에 맞게 생산, 사랑, 생활 등을 공유하는 파트너십이 활성화된다. 특히 평균수명이 120세를 넘어서는 시점에서는 한 파트너와 100년을 함께하는 삶이 인위적으로 불가능해질 수 있다.

정부의 결혼제도는 오늘날 가장 낡은 시스템 가운데 하나다. 결혼은 국가 안에서만 일어나지는 않음에도 각 국가의 정부에 의해 강제되고 있으며 국가마다 법률도 다르다. 국가 간 교류가 늘어날수록 국제결혼 역시 증가한다. 이때 어느 한 국가의 인정만 받으면 되는가? 임대주택이나 기본소득제도와 마찬가지로 결혼제도 역시 미래 인구 사회학적 변화에 따라 바뀌어야 할 낡은 제도 가운데 하나다.

미래 인구 변화로 인한
삶의 변화

세계 인구 중 60세 이상의 인구가 지난 50년 동안 3배로 증가했다. 이 인구는 계속 늘어 앞으로 50년 동안 다시 3배 더 증가해서 20억 명에 이르게 된다.

인구의 변화

- 많은 국가에서 65세 이상의 사람들은 더 많은 비율을 차지하게 된다.
- 기후변화로 인해 2030~2050년 사이에 연간 약 25만 명의 추가 사망자가 발생할 것으로 예상된다.
- 2050년까지 기후변화가 사망률에 미치는 영향은 남아시아 지역에서 가장 크다.

- 2000년에서 2050년 사이에 인도의 고령 부양비율은 13%에서 33%로 증가한다.
- 인구총조사에 의하면 2030년 미국에서 한 명의 노인을 부양하는 근로인구는 3명에 불과하다.
- 향후 20년 이내에 미국의 고령인구는 2배가 된다.

노인 건강관리 문제

- 급속한 인구 고령화는 보건 시스템과 사회보장 시스템에 상당한 압박을 가하고 공공과 기업 연금 제도의 재정적 지속 가능성을 위협한다.
- 건강과 웰빙에 관련된 분야의 발전생명공학과 인지신경과학의 발달이 뒷받침하고 있는으로 인해 사람들은 더 오래 산다.
- 건강 문제를 더 적극적으로 관리하기 위한 생물학 모니터와 예방적 진단 도구의 도입으로 인해 고령화된 노동력을 더 오래 사용할 수 있다.
- 평생 건강과 웰빙을 향상시키는 기술이 만성질환의 발병률을 낮춘다.
- 환경오염, 주택, 저렴한 보건관리 비용, 인구 고령화는 인프라에 영향을 준다.
- 인구의 증가와 노인환자의 증가, 비만과 비전염병의 증가로 인해 향후 15년 동안 보건관리 비용이 증가한다.

- 아시아는 인구 고령화로 인해 보건 분야 ICT information and communications technologies: 정보통신기술 시장이 높은 성장을 나타낸다.
- 독거노인의 보행을 모니터링할 수 있는 스마트 러그는 잠재적인 균형의 문제나 낙상을 예측할 수 있다.
- 고령화된 베이비붐 세대가 직면하는 건강 문제에 대처하기 위해 간병 분야 종사자에 관한 수요가 급격하게 늘어난다.
- 인구 증가, 고령화 사회, 질병 패턴의 변화로 인해 향후 15년 동안 의료 종사자에 대한 수요가 증가한다.
- 전 세계 의료 종사자들이 인도에서 오게 된다.
- 고령자들을 가정이나 요양원에서 돌보기 위한 기술 및 의료 수단에 대한 수요가 급격하게 늘어난다.
- 고령화된 의사 인력과 수요 증가로 인해 독일에서는 의사가 부족해진다.
- 뇌 건강이 미래 노인들의 사회경제적 복지를 결정하는 가장 중요한 요소의 하나가 된다.
- 건강관리 비용이 장기적으로 빠르게 증가하며 이로 인한 세금 증가가 모든 사람에게 영향을 미친다.
- 노인 만성 통증과 당뇨병을 완화시키기 위한 기술의 수요가 증가함에 따라 2023년까지 웨어러블 의료기기 시장이 16% 증가한다.
- 가정용 건강모니터링 기기는 2021년까지 2,800만 대 판매된다.

인프라 스트럭처

- 기존의 도시 환경에서 노년층을 위한 도시로 변화를 도모하는
  것이 도시계획의 핵심 과제가 된다.

재정문제

- 고령화와 노동력 감소로 인해 주요 국가들은 연령의 분포를 재
  정의 지속성을 강화할 수 있는 방향으로 변화시키기 위해 이민
  을 적극 수용한다.
- 부채의 증가는 사회보장은퇴연금 제도에 위협이 된다.
- 독일에서는 향후 15년 이내에 '베이비붐'에서 '출생률 급락' 세대
  로 넘어간다. 이로 인해 공적연금 시스템의 균형상태가 변화된
  다.
- 기술과 조직의 변화 속도가 노동시장과 정부의 대처 능력보다
  앞서는 시대에 의료보험, 연금 제도 등의 변화와 재조정이 필요
  하다.
- 미국인들은 은퇴 후 존엄성을 지킬 수 있는 수준보다 7조 7,000
  억 달러를 적게 저축하고 있다.
- 고령 복지와 장애 보험을 위한 사회보장 신탁기금은 2034년에
  고갈된다.
- 영국의 인구통계학적 변화로 인해 법률 서비스에 대한 수요가

크게 변화한다.

노동

- 사람들이 건강하게 더 오래 산다는 것은 더 오래 일할 수 있다는 것을 의미한다.
- 고용주들은 새로운 현실을 받아들여 모든 연령의 근로자를 수용할 새로운 제도를 준비해야 한다.
- 스웨덴 사람들은 75세까지 일하게 된다.

기술

- 차세대 가정용 로봇은 눈물, 침묵 또는 거의 알아듣기 힘든 말과 같은 음성 신호에 반응하고 체온 저하와 혈압 상승 같은 생리적 신호를 통해 노인들의 상태를 평가하고 보조한다.
- 자율주행차량은 대중교통을 보완해 노인의 이동성을 향상시켜 준다.
- 외골격과 건강지원장치들은 노인들이 가정에서 정상적으로 생활할 수 있도록 도와준다.

2

1일 생활권이
되는 지구

전 세계가
도로로 연결된다

젊은 세대를 중심으로 라이프스타일, 선호도, 사고방식이 변하고 있다. 가구 구성원 수는 줄어들고 있으며 딩크족dinks, 맞벌이하며 아이가 없는 가구가 일상화되고 있다. 밀레니얼 세대1981~1996 사이에 태어난 세대는 결혼하거나 집을 사는 것보다 좋은 일자리에 더 신경 쓰고 있다.

미래에는 일거리를 찾아 노마드 생활을 하는 이들이 늘어 한곳에 붙어 있는 집이 오히려 거추장스러워질 수도 있다. 젊은 세대의 집 소유에 대한 생각이 이처럼 바뀌고, 베이비부머 세대는 노후 생활을 위해 집을 판다.

미래에 많은 사람이 노마드가 되는 이유 중 하나는 교통의 발달이다. 모든 주요 대륙의 도로와 철도가 서로 연결되어 트랜스 글로벌 고속도로가 탄생한다. 지구를 연결하는 도로에 관한 명확한 목표나 개별 프로젝트는 없지만 장기적으로 서로 연결되는 것이다.

세계 각국의 도로와 수로 등 모든 길이 이웃 나라를 거쳐 연결되면서 오스트레일리아를 제외한 모든 인구가 대륙을 통합하는 트랜스 글로벌 네트워크에 동참한다. 대표적인 것이 1890년에 건설을 시작한 시베리아 횡단 철도다. 러시아의 모스크바에서 출발해 만주를 횡단한 뒤 하얼빈으로 들어가 최종적으로 블라디보스토크에 도달한다. 이 철로는 건설에 한 세기 이상이 걸리면서 계속 확장되어 약 9,300km를 연결해 현재 세계에서 가장 긴 철도가 되었다.

20세기에 등장한 또 다른 주요 교통네트워크는 전미고속도로다. 미주 대륙 국가를 연결한 데 이어 남미 끝까지, 위로는 알래스카까지 연결한 4만 8,000km의, 세계에서 가장 긴 자동차도로다.

영국과 프랑스를 연결한 해저터널인 채널 터널은 1802년에 제안되었고 공식적으로 1994년 완공되었다. 빙하기 이후 영국과 유럽 대륙 사이의 첫 물리적 연결이 된 이 프로젝트는 길이가 37.9km로, 세계에서 가장 긴 터널이다.

이처럼 국가와 국가를 연결하는 길이 계속해서 만들어지고 있다. 2020년대에는 인도네시아의 수마트라와 자바섬을 연결하는 해협대교가 완성된다. 이 다리는 6차선 고속도로와 120억 달러를 투자하는 복선 철도로 이루어진다. 2025년에는 스페인과 모로코 간에 건설 비용 계약이 최종 타결되어 2010년 중반에 건설이 시작된 지중해 지브롤터 터널이 완성된다. 그 밖에도 도로와 철도 프로젝트는 아프리카와 서유럽을 연결하고 중동, 아프리카를 연결하는 주요 다리를 완성시킬 것이다.

중국은 수백 km의 도로 인프라를 확장하고 동남아시아까지 길을 만든 뒤에 2030년대에는 일본과 대륙을 연결하는 해저터널을 만든다. 일본의 홋카이도섬과 러시아의 사할린섬이 연결되는 것이다. 이 터널은 약 42km에 달할 것이다. 그리고 동남아시아의 믈라카 해협에 약 128km에 걸쳐 세계에서 가장 긴 바다를 횡단하는 다리가 완성된다.

2040년에는 우리나라와 일본을 연결하는 길이 완성될 것이다. 두 나라는 정치적으로 미묘한 관계에 있어서 비교적 근거리에 있음에도 가까운 시일 안에 연결도로가 완성될 가능성은 희박하다. 그리고 마침내 러시아와 알래스카를 연결하는 베링 해협 횡단 터널이 완성되며 세계가 연결된다. 다이오메드섬을 통해 대륙을 연결하는 3개의 터널이 완성되면 런던에서 기차를 타고 뉴욕까지 갈 수 있게 된다.

여기에 최신 기술을 동원한 초고속 교통수단이 완성되면 지구는 1일생활권이 된다. 지금까지 비행기 등 특정 교통수단으로 갈 수밖에 없었던 국가들을 자동차나 고속철도를 통해서 갈 수 있게 되면서 국경은 더욱 희미해지고 주거의 선택지는 더욱 넓어질 것이다.

워싱턴-뉴욕 29분에 주파하는 하이퍼루프

테슬라모터스Tesla Mototrs의 대표이사 일론 머스크Elon Musk는 2017년 7월 20일 워싱턴과 뉴욕을 29분 만에 주파하는 초고속 운용 네트워크 하이퍼루프Hyperloop에 대해 정부의 첫 구두승인을 받았다고 전했다.

하이퍼루프는 열차처럼 생겼지만, 실제 작동방식은 진공 튜브 속의 자기장으로 추진력을 얻는 신개념 이동수단이다. 그동안 하이퍼루프 사업을 추진해온 업체 관계자들은 하이퍼루프의 문제가 기술이 아닌 규제였다며, 정부 승인이 최대 관건임을 강조해왔다.

하이퍼루프는 2024년 완성을 목표로 2013년 시작되었으며, 승객이 탑승한 캡슐 형태의 열차가 부분 진공 상태를 유지하는 철제 튜브 안에서 공기쿠션을 타고 달리는 원리다. 최고속도 시속 1,220km, 평균속도 962km를 유지하며, 워싱턴에서 뉴욕까지 약 360km를 29

분 만에, 나아가 로스앤젤레스에서 샌프란시스코까지 570km를 30분 만에 주파할 것으로 보인다.

이 열차의 설계 문서는 2013년 8월에 공개되었고, 건설비용은 약 60억 달러가 들 것이라고 발표되었다. 이 비용이 비현실적으로 낮다고 주장하는 사람들도 있고, 기술적·경제적 타당성이 증명되지 못한다고 비판하는 사람들도 있다. 현재 캘리포니아에 확정된 고속전철 건설비가 700억 달러에서 1,000억 달러가 들어갈 것으로 예상되기 때문이다.

하이퍼루프의 역사는 일론 머스크가 2012년 7월 캘리포니아 산타모니카 온라인 ICT매체 〈판도데일리Pando Daily〉의 이벤트에서 '제5의 교통수단'으로 발표하면서 시작되었다. 평균 속도가 제트비행기의 2배이며, 충돌 위험이 없는 저 전력 교통 시스템으로 테슬라와 스페이스XSpaceX의 엔지니어들이 개발에 박차를 가하고 있다고 말했다.

하이퍼루프 개발의 이론적 원리는 고속철도가 마찰과 공기저항을 받으며 달리는 데 한계가 있기 때문에 진공 상태로 만든 튜브 터널 안에서 열차인 캡슐을 자석으로 띄워 시간당 1,000km 이상을 달리는 것이다. 다만 자기부상의 높은 비용, 장거리에 진공을 유지하는 어려움 등이 장애물로 등장한다.

부압으로 높이를 유지하며, 연속되는 튜브를 통과하기 위해 특별히 고안된 캡슐을 달리게 만드는 아이디어로, 공기 역학적 효율을 유지하기 위해 열차 규모를 제한해야 하는데, 초기디자인은 2.23m가 적절하다는 결론이 나왔다. 컴퓨터 시뮬레이션은 2013년 9월

ANSYS 프로그램으로 진행되었다. 그해 10월에 개발팀은 하이퍼루프 추진 시스템의 부품에 관한 오픈소스 모델을 발표했는데, 이때 튜브의 지름이 4m로 길어졌다.

하이퍼루프는 현재의 물가로 보면 약 20달러 수준의 가격이 책정될 것이라고 한다. 연간 740만 명이 이 열차를 이용한다고 가정하면, 20년 정도에 손익분기점을 넘을 수 있다는 계산이다. 튜브의 상단에 위치한 태양광 패널을 이용해 전력을 공급하기 때문에 저렴한 운행료가 가능하다고 발표했지만, 의구심을 가지는 사람들이 여전히 많다.

하지만 머스크의 말대로 하이퍼루프의 가격이 대중교통수단과 크게 다르지 않다면 도시의 비싼 집값을 감당하며 살던 직장인들이 모두 하이퍼루프로 운행 가능한 한산한 지역으로 주거지를 옮기게 될 가능성이 높아질 것이다.

시험주행 성공한 자기부상열차

2017년 5월 또 다른 하이퍼루프 연구 기업인 하이퍼루프 원Hyperloop One이 사상 처음으로 이루어진 하이퍼루프 테스트에서의 최고 속도 216km/h를 넘기며 하이퍼루프의 콘셉트 자체를 물리적으로 구현하는 데 성공했다. 뒤이어 2017년 8월에는 XP-1이라는 이름의 승객용 차량을 300m 구간에서 최고속도 309km/h로 달리게 하는 실험에 성공함으로써 상용화에 한 발 더 가까이 다가섰다.

롭 로이드Rob Lloyd가 수장을 맡고 있는 하이퍼루프 원은 신생 기업으로 3년 만에 1억 6,000만 달러를 투자받았으며, 라스베이거스 외곽 네바다 사막에 하이퍼루프 시작품을 만들었다. 로이드는 하이퍼루프 원은 이미 많은 것을 성취했으며 더 큰 꿈을 꾸고 있다고 말했다.

먼저 하이퍼루프 원이 구축한 것은 무엇인가? 로이드는 이를 몇 가지 기본 구성요소로 설명했다.

- 포드pod: 사람과 화물을 운반하게 될 공기역학적 차량이다. 포드의 세부 설계는 무엇을 적재하느냐에 따라 조금씩 달라지게 된다.
- 튜브tube: 간단하지만 특별한 이 튜브는 포드와 공기 사이의 저항을 줄이기 위해 부분 진공으로 감압된다.
- 모터motor: 포드는 선형 전기모터로 추진되는데 선형 전기모터는 원형 전기모터와 같은 원리로 작동된다. 원형 전자기 부분이 트랙을 따라 선형으로 펼쳐지는 것이다.
- 자석magnet: 포드는 자석으로 부상해 튜브에 닿지 않는다. 이런 방식으로 마찰을 더욱 줄이고 동력을 많이 쓰지 않고 저압에서 포드를 움직이게 한다.
- 제어control: 시스템은 대부분 자동화되어 있다. 소프트웨어를 통해 교통량과 목적지에 따라 포드를 보내고 방향을 바꾼다.

이러한 구성요소들이 모두 합쳐지면 이론적으로 시속 966km 이상을 달릴 수 있는 육상운송수단이 된다.

하이퍼루프팀은 2016년 11월에 500m 길이의 데브루프DevLoop라고 부르는 테스트 트랙에서 첫 번째 섹션을 설치했고 2017년 3월에 전체 장비들을 설치했다. 그리고 5월에 첫 번째 테스트 주행을 했다. 7월에는 XP-1 테스트 포드를 만들기 위한 탄소섬유와 알루미늄 에어로셸을 공개했으며, 테스트에서 309km/h까지 가속하는 데 성공했다.

하이퍼루프팀은 "XP-1 포드가 해발 61km에서 비행하는 것과 같은 저압 튜브 환경에서 높은 속도와 부상력을 발휘하도록 설계되었다"고 말했다. 이처럼 하이퍼루프는 더 이상 종이 위에서만 존재하지 않는다. 하이퍼루프 원의 목표는 2021년까지 3기의 하이퍼루프를 생산하는 것이다.

로이드는 이러한 목표를 "문샷moonshot: '달 탐사선의 발사'를 뜻하는데 구글Google 에서 혁신적 신규사업을 추진하는 프로젝트 이름으로 붙이면서 최근에는 혁신적인 프로젝트를 의미하게 되었다 과 같은 것"이라고 말하며, 10개월 만에 만들어낸 시작품은 하이퍼루프팀의 업무 추진 속도를 보여주는 증거라고 덧붙였다.

비평가들은 수백 km에 걸쳐 낮은 압력을 유지하는 것은 불가능한 일이라고 말한다. 지진활동이나 지반 침하 현상이 튜브를 위험하게 만들 수 있다고 말하는 이들도 있다. 또한 사이버 공격에서 시스템을 보호하는 일 역시 어려울 것이다. 응급상황에서 대피할 수 있는 방법은 물론 새로운 엄청난 인프라를 건설하고 유지하는 비용 등 문제가 산적해 있다.

이러한 도전과제 중 특히 비용 문제는 언제 시작품에서 상용화가 가능한지와 관련이 있다. 종이 위의 설계에서 시작품으로 가는 것도 도약이지만 시작품에서 생산으로 가는 것은 더욱 큰 도약이 필요하다.

로이드는 최초의 하이퍼루프는 짧은 거리에서 시작하며, 우려사항들을 해소해가며 비용을 절감해 모든 우려사항이 해결되고 나면 더 넓은 지역으로 연결되어갈 것으로 예상했다. 로이드는 하이퍼루프의 성공에 대한 비전을 다음과 같이 제시했다.

사람들은 직장에서 수백 마일 떨어진 곳에서도 살 수 있으며 주거 비용이 비싼 도시에서 제공하는 기회를 여전히 이용할 수 있다. 하이퍼루프로 30분 이내에 이동 가능한 도시들이 서로 연결될 수 있다. 예를 들어 미국에서 샌프란시스코와 로스앤젤레스, 포틀랜드와 시애틀, 뉴욕과 워싱턴이 그렇다.

〈뉴욕타임스New York Times〉는 '브루클린에서 살던 사람은 볼티모어로 이사 갈 수 있고 의원보좌관은 필라델피아에서 통근할 수 있다. 모든 도시와 노동시장, 주택시장은 서로 통합될 것'이라고 밝혔다.

로이드는 하이퍼루프 원이 단순히 사람들을 태우는 대중교통 이상이 될 것이라고 말했다. 사람과 작은 짐을 싣는 포드도 있지만 컨테이너 규모의 화물을 위한 포드도 설계하고 있다. 이러한 네트워크는 광대역 통신 네트워크처럼 사람과 화물의 물리적 세계를 고속으로 연결하게 된다. 이러한 비전은 재능을 가진 수많은 사람들을 고무시키고 있다.

서울에서 뉴욕으로 출퇴근한다

미래 세대에 가장 중요한 것은 일자리가 될 가능성이 높다. 로봇과 AI, 3D 프린터에 현재 인간의 일자리 90%를 빼앗기게 되기 때문이다. 그때가 되면 인류는 일자리를 구하기 위해 어디로든 이동할 것이다. 일터로 출근하기 위해 사람들이 해외로 출퇴근하는 일도 불사하면서 국경의 개념이 옅어진다.

여기서 중요한 조건이 교통수단의 발달이다. 무인자동차, 무인 경량비행기 등이 등장하고 2043년에 전 세계를 잇는 도로 인프라가 완성되며, 2050년경에는 최대 시속 6,000km의 초고속 열차가 세계를 1일 생활권으로 만들 것이다. 미국에서 알래스카를 거쳐 러시아로 연결되는 해저 터널이 완성되면 서울과 뉴욕을 2시간대로 이동할 수 있어 출퇴근도 가능해진다.

테슬라모터스 CEO 일론 머스크가 2024년 완성을 목표로 하는 초고속 진공열차 하이퍼루프 프로젝트를 발표하고 로스앤젤레스에서 샌프란시스코까지 30분에 돌파시키겠다고 발표한 뒤, 진공자기부상열차를 오랫동안 연구해온 대릴 오스터Daryl Oster의 ET3는 더 향상된 시스템을 발표했다. 일론 머스크의 초고속열차시속 1,220km보다 훨씬 더 빠른 시속 6,000km의 자기부상열차를 2050년까지 만들어 세계를 연결시키겠다고 선언한 것이다. 오스터는 이 철도와 열차가 완성되면 서울에서 뉴욕까지 2시간대에 이동할 수 있다고 주장한다. 목적지에 로켓처럼 빨리, 훨씬 더 안전하게 데려다주는 지구 내 우주여행이라는 이 최대 규모의 인프라 프로젝트가 머스크와 오스터에 의해 제안된 것이다. 이 프로젝트가 실현되면 전 세계 실업인구에게 일자리를 만들어줄 수 있을 것이다.

ET3가 구상하는 자기부상열차는 자동차와 비슷한 크기의 탑승용 캡슐 열차가 지름 1.5m의 진공에 가까운 튜브 터널을 이동하는 원리다. 일반적으로 대부분의 교통수단은 마찰과 공기저항을 받으며 달리는 데 한계가 있어 최대 시속 600km가 고작이다. 하지만 진공 상태에서 자기부상 기술을 이용해 지면과 떨어져서 달리게 되면 마찰과 공기 저항이 거의 없으므로 훨씬 빠른 속도를 낼 수 있다. 다만 자기부상 기술의 높은 비용과 장거리를 진공 상태로 유지하는 방법이 개발되어야 가능하다. 효율적인 자기부상 레인과 진공 터널을 유지하기 위해 터널과 열차의 규모를 제한해야 한다. 따라서 캡슐 열차의 크기는 1.3m, 튜브 터널의 지름은 1.5m로 줄어들었다.

특수 설계된 차량이 달리는 튜브는 내부의 공기를 빼내서 진공상태를 만드는데, 이 작업에 전력이 다소 소모되지만 일단 진공이 되면 추가 에너지가 들지 않는다. 진공 상태에서 한 번 힘을 가하면 무한히 달리기 때문이다.

ET3는 전기자동차나 기차의 1kWh 전력량을 산정하는 기준. 1kW의 공률로 1시간에 할 수 있는 일의 양에 해당한다 당 수송인구보다 50배 많은 인구나 물류를 이동시킬 수 있다. 캡슐과 터널의 크기를 줄여 비용을 절감하는데, 고속철도 건설비용의 10분의 1 또는 고속도로 건설비용의 4분의 1 정도의 건설비용을 예상하고 있다.

대릴 오스터 ET3 회장은 ET3 열차가 풍력 에너지보다 더 경제적이라고 말한다. 현재 풍력 에너지 기술 개발에 투자한 돈을 ET3에 투자한다면 탄소 배출을 3~5배 더 많이 줄일 수 있다는 것이다.

극지방에서는 새로 생성되는 얼음이 기존의 빙하를 바다로 밀어내면서 녹이는데, 이 빙하를 필요한 곳으로 이동시킬 수도 있다. 그는 그린란드에서 매일 생성되는 찬 공기와 얼음을 고속 자기부상열차를 이용해 더운 지방으로 실어 나르면, 더위를 식혀주고 물 부족도 해결할 수 있다고 주장한다. 그 밖에 물자를 저렴한 가격에 신속하게 이동시킬 수 있어 의료구호품 등을 제때 아프리카 등으로 보냄으로써 풍토병이나 유행병으로 인한 사망자도 줄일 수 있다.

진공튜브 열차는 여행의 속도, 전력 소비, 환경오염 및 안전성 측면에서 수송의 모든 다른 형태를 능가하는 기술이다. 큰 장애물은 국가 간, 대륙 간을 연결해주는 16만km 이상의 튜브 네트워크다. 많은 사람이 이것을 거대한 장애물로 보지만 사실 그 반대로, 지구촌의 일자리 창출의 거대한 기회다. 철도가 건설되는 지역에 많은 일자리가 생기며, 완성되고 나면 세계는 하나로 연결되어 1만 1,000km 거리의 서울과 뉴욕을 2시간대로 이동할 수 있게 된다.

네트워크를 구축하는 50년 동안 약 1억 명 이상의 고용효과를 가지고 올 것으로 보인다. 또한 이 네트워크가 완성되면 국경을 넘어 출퇴근하는 모습도 볼 수 있게 될 것이다. 이때가 되면 직장이 있는 지역에 터를 잡고 살며 직장을 따라 이동하던 모습은 다시 사라지고 주거에 대해 좀더 적극적이고 독립적인 선택이 가능해질 것이다.

첨단기술이
국경을 용해시킨다

세계 최대 비영리 벤처 재단 엑스프라이즈X Prize의 피터 디아만디스Peter Diamandis 회장은 '첨단기술이 신속하게 국경을 용해시킨다'는 글로벌 시민론을 주장한다.

미래학자들은 대부분 2045년경에 국경이 소멸한다고 말하지만, 디아만디스는 이미 와 있거나 10년 안에 급속하게 우리에게 다가온다고 말한다. 현재에도 글로벌 기관이나 기업 등에서 전 세계 각지에 있는 사람들이 텔레프레즌스telepresence: 참가자들이 실제로 같은 방에 있는 것처럼 느낄 수 있는 가상 화상회의 시스템 기술을 통해 논의할 때 사용하며, 조만간 가상현실이 발달하면 그 안에서 프로젝트를 함께 진행할 수 있을 것이다. 이때 언어가 다르더라도 번역기의 발달로 모든 언어를 동시에 사용할 수 있게 되며, 디지털화폐로 은행을 거치지 않고 비용을 지급하고 받을 수 있다. 따라서 함께 일하는 데 적절한 능력을 갖추었느냐가 중요하지, 어디에 살고 어떤 언어를 사용하느냐는 중요하지 않다.

사는 곳은 중요하지 않다

피터 디아만디스는 지금도 텔레프레즌스를 사용해 집에서 인도의 엑스프라이즈 회의에 참석하거나 해외 장기출장 중에 집에 있는 자녀들과 함께한다고 말한다. 현재의 텔레프레즌스 기술을 넘어서 미래에 국경을 허물 진짜 기술은 바로 완벽한 몰입, 고품질의 가상현실 기술이다. 가상현실 장비를 사용하면 다른 나라에 있는 작업장을 연결해 마치 그곳에 있는 것처럼 직접 일할 수 있다. 심지어 AI의 도움을 받으면 일의 능률이 크게 향상될 것이다.

언어는 중요하지 않다

우리는 곧 모든 사람이 실시간으로 모든 언어를 구사할 수 있는 도구도 얻게 된다. 2007년에 선보인 구글 번역은 103개 언어를 동시에 번역 지원한다. 2016년 9월 '구글 신경망 기계번역Google Neural Machine Translation, GNMT'을 선보인 뒤로 번역의 질은 획기적으로 개선됐다. 신경망 기계번역은 기존의 번역이 단어와 구문을 쪼개 하나씩 개별적으로 번역했던 것과는 달리, 전체 문장을 하나의 번역 단위로 간주해 한꺼번에 번역한다. 이에 따라 문맥을 사용해 가장 적합한 번역을 파악할 수 있고, 자연스러운 문장으로 번역이 가능해졌다. 현재까지 신경망 기계번역은 한국어를 포함한 총 16개 언어 조합에 적용되고 있는데, 번역의 품질이 개선되면서 '한국어—영어' 번역 이용자 수가 서비스 직후 6개월간 75% 증가했다.

머신러닝machine learning: 인간이 학습하듯이 컴퓨터가 데이터를 통해 학습하게 함으로써 새로운 지식을 얻어내게 하는 분야 기술은 번역의 질은 빠르게 개선시키고 있어 머지 않은 미래에 '통역사'라는 직업 자체를 없어지게 할 수 있다.

화폐는 중요하지 않다

세계단일통화는 교역의 장벽이 되고 경제를 어렵게 만드는 환율 등의 문제를 해결해주는 열쇠다. 특히 미래의 세계단일통화는 비트코인bitcoin이나 이더리움Ethereum과 같은 가상화폐가 될 가능성이 높다. 이들 가상화폐는 특정 국가의 통제가 없는 화폐로, 국경을 초월한다.

비트코인은 관리 주체가 없기 때문에 국경을 초월한다는 장점이 있는 만큼 불안정하다는 단점도 있다. 특히 완전히 익명으로 거래되는 점 때문에 돈세탁이나 마약거래, 랜섬웨어'몸값ransom'과 '소프트웨어software' 의 합성어로, 시스템을 잠그거나 데이터를 암호화해 사용할 수 없도록 만든 뒤 이를 인질로 금전을 요구하는 악성 프로그램 등 범죄에 악용되기도 하다. 그리고 그때마다 가치가 널뛴다. 하지만 비트코인의 거래는 점차 증가하고 있고 이는 나중에 외환 거래 자체를 소멸시킬 만큼 성장할 것이다.

현재 국경을 나누는 것은 민족도 사상도 체제도 아니다. 국경은 언어와 화폐, 그리고 지리적인 이유로 나뉘어 있다. 교통이 발달하고 모든 언어로 대화할 수 있으며, 한 가지 화폐를 사용하게 되는 미래에는 국경이 무의미해질 것이다.

국경의 소멸과
세계의 방향

세계는 갈수록 작아지고 있다. 그에 따라 상호의존도는 커지고 권력은 이동하며 새로운 기회와 위험이 개인에게 나타날 것이다. 많은 경제학자들은 무역과 경제 성장 분야에서도 세계화가 진행될 것이라고 말한다.

개인의 일상생활과 일자리는 이미 세계화의 실질적인 영향을 받고 있다. 아마존Amazon에서 삼성에 이르는 글로벌 브랜드와 상품들은 우리의 집 안이나 손안에 있다. 이민인구가 늘어나고 그에 따른 갈등 역시 증가하고 있다. 음악 판권에서 스마트폰 특허에 이르는 지식재산권 문제는 정책적 쟁점이 되고 있다. 미국은 백악관에 '지적재산집행조정관Intellectual Property Enforcement Coordinator을 두고 있을 정도다.

혁신은 지역을 초월해 이루어지고 있다. 혁신적인 서비스나 제품 뒤에는 연구원, 개발자, 생산자, 금융인, 판매원으로 이루어진 글로벌 체인이 있다. 교육 역시 마찬가지다. 유럽 최고의 교육 시스템을 갖춘 영국의 대학에서 국제 학생은 재학생의 18%에 달하고 있다. 가장 국제화된 분야는 과학 분야로, 오늘날 과학논문의 약 20%는 국제적으로 공저된 것이며 프랑스, 독일, 영국 연구원들이 약 절반을 차지하고 있다.

이러한 경향은 멈추지 않을 것이다. 국경을 없애면 가치가 더해지고 비용이 절감되며, 발전이 빨라지고 아이디어를 자극하게 되어 더욱 성장하게 된다. 그러나 대립하는 힘은 언제나 존재한다. 세계화에 대한 반발로 음식, 특산품 등 지역의 문화적 우선권 주장이 대두할 것이다. 예를 들어 유럽의 웨일스어 사용, 카탈루냐 지역 독립운동에 이르기까지 지역적 자부심에 대한 관심이 높아질 것이다. 국제화와 지역적 자부심 사이의 모순이 해결될 수 있을지는 아무도 예측할 수 없다. 그러나 이 두 가지가 우리 사회와 다음 세대의 발전 방식과 삶의 방식을 결정할 것이다.

3

사회가 변하면
주거도 변한다

밀레니얼 세대가
선택하는 주거

기술의 발달로 언어의 장벽이 사라지고, 국경이라는 장벽이 낮아지면 사람들의 이동성은 더욱 강화될 것이다. 일자리를 찾아, 또는 꿈을 실현하기 위해 쉽게 대륙을 이동하는 미래 세대는 심지어 결혼조차 제약이라고 생각하는 세대다. 이들에게 자신의 꿈을 찾아 떠나는 것은 순간의 결정이며, 아무리 좋은 직장이라도 꿈과 다르다면 쉽게 그만둔다. 하지만 집이나 자동차로 인한 대출이 있다면 이들이 원하는 바를 위해 이동하는 것이 어렵다. 이런 이유로 인해 밀레니얼 세대는 주택을 소유하지 않는 첫 세대가 될 것이다.

대부분의 사람들은 집이 아무리 넓어도 좁다는 느낌을 가진다. 우리는 혼잡한 대중교통, 붐비는 비행기, 북적북적한 콘서트홀 등 많은 사람 속에서 자신만의 공간을 원한다. 이를 위해 거주 공간을 넓히기를 희망한다. 그래야 휴식을 얻을 수 있을 것 같은 느낌 때문이다.

사람들과 함께 있어서는 휴식을 취할 수 없다고 생각한다.

넓은 공간은 부의 대명사였다. 가진 자들이 대기업을 소유하고 저택, 대형 세단을 소유했다. 1900년대 미국의 평균 주택은 겨우 $65m^2$였으며, 거기서 평균 4.6명이 거주했다. 100년이 지난 지금 우리는 평균 $232m^2$의 주택에서 2.5명이 거주한다.

우리 사회는 사람이 돈을 벌어서 써야 하는 경제로 이끌려가면서 다른 가능성을 잊어버렸다. 정상에 오르기 위한 경주를 매일 해야 했고 수많은 기업들이 이 경쟁에서 지고 파산했다. 개인은 내일의 수입을 소비하기 시작했다. 다시 말해 은행에서 빌려서 오늘의 삶에 투자했는데, 그렇게 하지 못하면 다른 사람들에게 뒤처진다는 공포감 때문이었다. 그러나 최근 계속되는 불황과 경기 침체가 이 같은 현대인의 삶을 바꾸는 계기가 되었다. 정상을 향해 달리기만 하던 이들, 쉽게 번 돈으로 풍족하게 쓰고 큰 집을 가졌던 사람들에게 그들이 중요하게 여겼던 것이 큰 의미가 없음을 깨닫게 해주는 계기가 되었다.

그리고 최근에는 주변을 돌아보고 미래를 생각하면서 시작된 것이 저탄소생활 붐이다. 자연을 살리는 녹색 및 신재생 에너지를 이용하자는 움직임이 그 시작이다. 이는 전 세계적 숙제인 기후변화를 적극적으로 해결하고자 하는 움직임이라기보다는, 먼저 스스로 책임질 수 있는 자기 운명을 개척하고자 하는 경향이 커진 것으로 해석된다. 이 운동이 주거에서는 편하고 효율적이며 이동 가능한 주택의 선호로 나타난다. 작은 주택의 새로운 유행이 조금씩 진행되고 있는 것이다.

이 운동의 주체인 밀레니얼 세대는 망가져가는 미국을 상속받은 이들이다. 최악의 경제상황에서 9.11테러 사건을 겪었고, 의료보건 시스템도 붕괴되어가며, 사회보장제도의 촛불도 거의 꺼져가는 미국을 물려받은 것이다. 성공 공식이라고 하는 명문대를 나오고 자격증을 가져도 일자리를 구하지 못했다. 하버드대학교의 조사에 의하면 현재 밀레니얼 세대 10명 중 6명만 일하고 있다. 그중 절반은 파트타임이다. 4년제 대학을 졸업한 이들 가운데 48%는 대학 졸업장이 필요하지 않은 일자리에서 일하고 있으며, 228만 명의 미국 대학 졸업생들이 2012년 기준 최저임금을 받고 일하고 있다월스트리트저널Wall Street Journal. 밀레니얼 세대의 35%가 창업을 했는데 이는 자신이 버는 소득이 충분하지 않아 소득을 보충하기 위해 투잡을 시작한 것이다. 학자금 대출에 이어 은행 주택 담보 대출, 신용카드까지 더 많은 빚을 원하지 않는 젊은이들은 작은 집을 선호하고 언제 어디로든 일자리를 찾아 떠나고자 한다.

작은 집,
마이크로 주택이 온다

미래에 1인가구가 늘어나고 고령화가 진행되어 감에 따라 주택이 작아질 것은 말할 필요도 없다. 작은집 트렌드의 시작이라고 봐도 좋을 마이크로 주택이 미국에서 유행하고 있다. 뉴욕이나 샌프란시스코 등 집값이 비싼 곳에서 특히 빠르게 확산 중이다. 이곳은 주택을 건설할 부지가 없고 교통 체증은 갈수록 심해져서 멀리서 출퇴근하는 것이 더욱더 힘들어진 지역이다. 작은 집이 다닥다닥 붙은 곳이 빈민가라는 편견도 최근에는 많이 사라진 것이 마이크로 주택 붐에 일조하고 있다. 여유가 있는 이들은 주중에는 도심의 마이크로 주택에 기거하고 주말에 집으로 돌아가는 생활 형태를 취하고 있다.

마이클 블룸버그Michael Bloomberg 전 뉴욕 시장은 시장 재임 시절 '어댑트adAPT'라는 소형 이동식 마이크로 아파트 경쟁 프로젝트를 시작했다. 뉴욕에만 2인 이하 가구가 180만 가구에 달하며, 그 인구는

300만 명이다. 하지만 1인용 스튜디오, 즉 원룸은 100만 개밖에 없어서 턱없이 부족하다.

샌프란시스코도 주택이 모자라기는 마찬가지다. 뉴욕의 마이크로 아파트 건설에 힘입어 샌프란시스코도 이를 계획하고 있다. 샌프란시스코의 기존 법에서 20.5m^2 이하의 주거공간은 불법이었다. 그러나 소형 주택 운동이 일어나면서 이 기준은 더 낮아졌다. 샌프란시스코는 이미 마이크로 주택 건설 프로젝트를 시작했다. 마이크로 콘도는 21m^2 규모이며, 28m^2 규모 아파트도 불티나게 팔려나갔다. 이 아파트들은 2008년의 주택 시장 붕괴에도 살아남았다. 규모는 점차 작아져서 스마트스페이스라는 업체는 15m^2 마이크로 콘도를 지었다. 미국의 소형 주택 붐은 시애틀, 산타모니카 등 미국 내는 물론 국경을 넘어 밴쿠버, 토론토, 파리, 방콕, 브리즈번 등 해외까지 퍼지고 있다.

애초에 마이크로 주택은 환경론자들이 시작한 '소형 주택 운동small house movement'의 일환이었다. 소형 주택은 에너지를 적게 사용하고 이산화탄소를 적게 배출하는 등 탄소발자국carbon footprint도 줄여주어 기후변화의 대안 주거 형태로 주목받고 있다.

움직이는 집,
조립식 주택이 대세

소형 주택의 붐이 미래에는 기술의 발전과 맞물려 조립식 주택의 형태와 결합되며 발전한다. 조립식 주택이란 레고를 조립하듯, 맞춤식 건설공법으로 제작소에서 완성한 자재를 가지고 현장에서 조립하거나 현장에서 3D 프린터로 건축물을 만들어서 조립하는 주택을 말한다. 이런 주택은 현장에서 건설되어 비용도 낮출 수 있고 시간도 단축할 수 있다. 또한 녹색기술을 이용한 에너지 절감의 대안으로 떠오르고 있다. 즉 통합 태양광 패널을 설치하고 빗물을 저장하는 저류조를 설치하며, 지열 난방 및 냉각 시스템을 통합 네트워크로 조정할 수 있다는 점에서 환경친화적 주택이다.

조립식 건축물은 전 세계 대도시를 위한 주택으로 주목받고 있으며, 또 지속 가능한 공간으로서 자원 절약의 효율적 선택이 되고 있다. 윌리엄 할랄William Halal 조지워싱턴대학교 명예교수가 운영하는 미래예측 사이트 테크캐스트Tech cast에서는 조립식 건축물이 2024년에 대중화될 것이라고 전망한다. 우리나라에서도 다양한 조립식 주택이 부상하고 있으며, 지진에 강한 돔 형태의 작은 집들이 우리나라에 소개되고 있다. 미래의 조립식 주택 시장은 다양한 변화가 예상되는 분야다.

조립식 주택은 이동이 가능한 주택이다. 땅이 있다면 어디든 이동해서 살다가 또다시 이동할 수 있다. 하지만 전력이 공급되지 않는 시골이나 산속까지 가게 되면 생활에 큰 불편함을 겪을 수밖에 없다. 이런 문제로 함께 발전하게 되는 것이 자가발전 에너지다. 이는 단순히 사용자가 직접 레버를 돌리거나 하는 방식으로 발전을 일으켜 전기를 공급하는 것에서부터 태양광 에너지를 어디서든 얻을 수 있도록 하는 패널과 ESS energy storage system: 에너지 저장 시스템 등이 대중화될 것이다.

주택 대출로부터
자유로워지는 법

오스트레일리아 북서부에 사는 스콧 브룩스Scott Brooks가 500달러의 예산으로 집을 지었다. 이 집은 창고를 리모델링한 것으로, 채광창, 문, 창 및 장작난로를 포함하고 있다. 이 변형된 작은 집은 $7.7m^2$이며 이동할 수 있도록 설계되었다. 편리하게도 이 집은 브룩스와 친구들이 지역봉사를 할 때 임시 거주하면서 야외 샤워시설을 만들어 샤워도 하고, 바닥공간을 확보해 바닥에서 잠을 잘 수도 있다.

집은 옮겨 다닐 수 있기 때문에 굳이 땅이 필요하지 않으며, 건축자재 등 모든 것을 다 합친 건축비용이 500달러 이하였다. 태양광과 빗물 정화 시스템까지 갖춘 지속 가능한 집이다.

브룩스는 이 집을 디자인할 때 공간을 최대한 활용하려 했다. 다운 로프트 침대는 소파 위에 배치하고, 사용 가능한 저장 공간도 여러 곳에 만들었다. 접이식 식탁과 2개의 버너, 프로판 스토브로 음식 준비를 하는 주방을 갖추었다. 집이 작은 대신 넓은 야외 공간을 활용하는 아이디어로 집에는 각종 캠핑 도구가 갖추어져 있다.

일반적으로 타이니 홈tiny home은 작은 집에서 심플한 삶을 사는 것을 말한다. 작은 집은 여유 공간이 적고, 에너지를 적게 쓰며, 생태발자국ecological footprint도 더 적게 남기는 것을 의미한다. 타이니 홈은 28m^2 이하여야 하며, 어떤 것은 9m^{2}도 있다. 하지만 보통은 37~46m^2 범위의 집을 말한다. 근 미래에 작은 집이 인기를 끄는 이유는 모기지 등 대출 때문이다. 평범한 사람들에게 삶의 필수 요소인 주택은, 한편으로는 삶의 큰 짐이 되기도 한다.

주택이 쉽게 살 수 있는 저렴한 가격이 아니기 때문이다. 주택담보대출을 하면서 우리는 빚 갚는 데 우리 삶을 저당 잡히게 되며, 자유를 잃는다. 젊은 사람들을 중심으로 이런 짐을 짊어지고자 하는 이들이 줄어든다. 그들은 임대료나 대출금을 갚느라 여행을 떠나거나 친구를 만나지 못하게 되는 삶을 거부한다. 또 프리랜서로 일자리가 있는 어느 곳이든 신속하게 이동해야 하는 이들은 주택 소유를 중요하게 생각하지 않는다. 오히려 제때 신속하게 사고팔 수 없기 때문에 거추장스럽게 느끼기도 한다. 언제든 자유롭게 이동하는 것이 더욱 중요해지기 때문이다.

노마드 문화가 만든
이동식 주택 문화

본래 노마드란 가축을 키우기 위해 초원지대나 반사막지대에서 목초지를 찾아 이동생활을 하는 유목민을 가리키는 말이었다. 가축의 먹이를 수입 등을 통해 공급할 수 있게 된 지금, 이런 유목민들이 많이 줄어들었지만 미래에 노마드는 다시 새로운 문화로 꽃피울 것으로 보인다. 이들 미래의 노마드 또한 과거의 노마드가 '가축'이라는 경제적 수단을 유지하려는 방편으로 이동했던 것처럼, '일자리'라는 생활의 기반을 찾아 떠돌게 될 것이다. 다만 일정한 지역을 떠돌았던 노마드와 달리 미래의 노마드는 전 세계를 떠돌게 된다.

노마드를 가능하게 하는 데는 앞서 이야기했던 것처럼 교통의 발달과 언어 장벽의 파괴 등이 큰 부분을 차지하겠지만 주택의 변화도 빼놓을 수 없다.

지금도 캠핑카 등 이동식 주택이 존재하지만, 이는 최소한의 주거

요건을 갖춘 일시 주거 시설이다. 미국에서 이동식 주택의 역사는 자동차가 등장하면서 자동차 뒤에 모바일 하우스를 싣고 떠돌며 트레일러 파크에 일시 정착했다가 이동하는 형식으로 발전했다. 요즘은 주말여행 등 라이프스타일 변화에 따라 점점 더 인기를 끌고 있다. 한편 1950년대부터 일반 집이나 아파트를 보유하면서 세컨드 하우스로 이동 주택을 보유하거나, 가난한 사람들이 집 대신 캠핑카를 사서 오랜 기간 한 위치에 정착하기도 했다.

한편 트레일러 파크가 곳곳에 생겨나면서 여름에는 미시간 등의 북부지방, 겨울에는 플로리다 등의 남부지방으로 이동해서 거주하는 은퇴자들도 늘어났다. 이곳에서는 이용료를 지급하고 다양한 시설을 이용할 수 있다. 공원은 물론 지역사회의 기본적인 시설, 유지보수, 하수도, 전기, 가스, 쓰레기 수거, 스포츠시설 등의 편의 시설을 제공한다. 미국에는 현재 3만 8,000개의 트레일러 파크가 있다. 일부 주는 대형 공원의 일부를 모바일 홈 공원으로 지정해 55세 이상의 은퇴 세대에게 제한적으로 빌려주고 있다. 모바일 홈 공원은 캐나다 사람들이 미국에 와서 살 수 있도록 여름 주택을 제공하거나, 각국의 은퇴자들에게 인기 있는 휴가지, 서머하우스를 제공하기도 한다.

최근에는 일자리가 고정적이지 않은 젊은 세대가 트레일러 파크를 많이 활용한다. 크고 무거운 집 대신에 모바일 홈 자동차를 몰고 다니는 경우가 많기 때문이다. 아주 가벼운 재질로 지은 집과 다양한 시설이 겸비된 자동차들이 많다.

이동식 주택

트레일러에서 조금 더 발달한 것이 3D 프린터로 제작해 현장에서 조립하는 이동식 주택이다. 이 시장은 2024년경에 보편화되어, 트레일러 형태의 이동식 시장이 이미 활성화된 미국에서 미국시장 약 4억 8,000만 달러의 시장을 형성할 것으로 보인다.

이동식 주택은 공장에서 3D 프린터로 제작해 옮긴 뒤 현장에서 조립하거나 현장에서 3D 프린트로 만들어서 조립한다. 이런 주택은 비용이 저렴하고 빠르며, 효율적이다. 여기에 적용된 기술은 대부분 에너지를 절감해주고 환경친화적인 녹색기술이다. 유럽, 미국, 아시아의 주요 건축가들이 전통적 스타일의 건축을 이동식 주택으로 만들어 전통적인 건축의 2분의 1에서 5분의 1의 비용으로 건설한다. 비용이 저렴하다 보니 주문이 크게 늘고 있다.

건축 및 인테리어 디자인 관련 전문작가인 질 허버스Jill Herbers는 지금까지 조립식 주택은 프리패브prefab라고 불리며 디자인이 멋지지 않다고 폄하되어 왔다고 말한다. 그녀는 자신의 저서 《프리패브 모던》이라는 책을 통해 이제는 조립식 건물의 디자인이 더 창조적이고 아름답게 진화되고 있으며 사람들의 인식 또한 변하고 있다고 주장했다. 조립식 주택의 변화는 통합 태양광 패널의 설치, 빗물을 저장하는 저류조, 지열 난방 및 냉각 시스템의 통합 네트워크화 등으로 인해 환경친화적인 주택이라는 인식이 늘고 수요도 함께 증가하고 있다. 조립식 건축물은 전 세계 인구 대도시를 위한 주택으로 주목받고 있으며, 자원 효율적인 선택이 되고 있다.

공장에서 만들어낸 주택을 빈 땅에 하나씩 쌓아 올리는 형태다. 구조체, 설비, 배관, 전기, 조명 등 전체 공정 중 약 80%가 공장에서 이뤄진다. 현장에서는 단순 조립만 하기 때문에 일반 철골구조에 비해 현장 공사기간을 최대 50% 이상 단축할 수 있다. 대량 생산하기 때문에 원가도 낮출 수 있다. 크레인으로 쌓는 까닭에 공사 중 분진이나 소음의 우려도 없으며, 강철 골조를 가져 튼튼하고 재사용도 최대 90%까지 가능하다.

19세기 초 미국에서 유래된 조립식 주택은 2011년 기준 미국의 시장 규모가 50억 달러 수준으로 성장했다. 국내에서는 포스코A&C가 가장 먼저 생산에 뛰어들었으며, 오스트레일리아 등으로 수출하기도 했다.

세컨드 하우스

하지만 조립식 주택을 포함한 이동식 주택의 경우 일상생활을 위한 주택이라기에는 부족하다고 보는 시선이 많다. '부동산'의 개념이 강한 주택이 이동한다거나, 작은 집이라는 점에서 그렇다. 이 때문에 이동식 주택은 가까운 미래에 대중화되기 전까지는 세컨드 하우스 역할로 한정될 것이며, 그 주체는 주로 경제적 여유와 시간이 있는 은퇴인구가 될 것이다. 텃밭과 정원을 가꾸기 위한 전원주택으로 이동식 주택을 찾는 것이다.

전원주택은 과거에는 '별장'이라는 이름으로 부자들의 전유물이었다. 시간적으로나 경제적으로 여유가 있는 기업가나 인기 연예인, 전문직업인 등의 차지였다. 이들이 짓는 집은 대부분 화려한 정원을 갖춘 큰 규모의 전원주택으로, 주인은 가끔 찾아와도 상주하는 관리 인력을 두어야 하는 곳도 있었다.

하지만 사회가 고령화되고 핵가족화되면서, 또 웰빙 바람이 불면서 은퇴자들 가운데 전원생활을 진지하게 고민하는 이들이 많아졌다. 주거비용이 부담돼 도심을 떠나 시골에 집을 짓고 살겠다는 생각을 하는 사람도 늘었다. 빠듯한 노후자금으로 도시의 생활비를 감당하기 힘들어 비용을 줄여보겠다는 생각에서 전원주택을 선택하는 은퇴자도 늘고 있다. 베이비붐 세대를 중심으로 농촌에서 인생 이모작을 계획하며 귀농, 귀촌을 서두는 사람도 많다. 이들은 전원생활을 꿈꾸지만 오랫동안 도시에서 살아왔기 때문에 삶의 터전을 완전히 옮기는 데 적응 등에 관한 두려움이 있어 처음에는 세컨드하우스로 농촌에 집을 두고 도시와 전원을 오가며 생활하다가 나중에는 전원주택으로 완전히 이동하고자 한다.

하루 만에 집 짓기가
실현된다

3D 프린터로 건물을 한 층 한 층 쌓아올려 만드는 콘투어 크래프
팅contour crafting이 본격화되면 기존 건축시장을 완전히 재편할 것이다.

시작 단계인 콘투어 크래프팅으로 당장 큰 집을 지을 수는 없겠지
만, 미래에는 큰 집을 선호하는 추세가 거의 사라질 것이기 때문에
그다지 의미가 없다. 오히려 집을 소유하지 않고 빌려 쓰거나 공유하
는 미래가 올 가능성도 크다.

콘투어 크래프팅은 유리섬유를 섞어 강도가 세고 불에 강하며, 빨
리 마르는 시멘트를 재료로 24시간 안에 만든다. 이들 집은 지금처
럼 한 번 지어서 평생 살아가는 부동산의 의미가 거의 사라져, 처분
할 수 있는 주택disposable housing의 성향이 더 크다.

중국에서 실제로 콘투어 크래프팅 집 짓기 시범을 보인 기업 원선
WINSUN은 집을 짓는 동안 다른 그룹이 큰 공장 내부에서 집안의 모

든 가구나 필요한 물건을 프린트하고 있었다. 윈선의 CEO 마 이헤Ma Yihe는 지난 10년 동안 이 프린트하는 집을 연구해왔고, 자신의 회사는 현재 섬유강화 석고 및 특수유리섬유 시멘트 등 건축자재에 77개의 특허를 소유하고 있다고 말했다. 최근에는 하루에 10채를 지어내고 있다고 한다. 그들은 최종 목적지에 인쇄된 주택을 운반하고 조립해준다.

소규모이긴 하지만, 집 자체의 비용도 비싸지 않다. 콘투어 크래프팅에 들어가는 재료는 재활용이 가능하며, 산업폐기물이나 쓰레기도 소재로 사용할 수 있다. 실제로 완성한 건물은 약 4,800달러 수준이었다.

이런 집들은 기존에 우리가 보아온 장식이 화려한 주택은 아니다. 심지어 너무 단순해 창고처럼 보이기도 한다. 중요한 것은 저렴하고 내구성이 강하며, 특히 하루 만에 완성할 수 있다는 점이다. 이러한 주택은 지금은 사람들의 관심을 얻고 호감을 사기 힘들지만, 세상이 점점 더 복잡해지고 한곳에 '뿌리를 내리고 산다'는 의미가 퇴색되는 미래에는 '잠시 머물 곳'으로 많은 돈을 투자해 화려하게 꾸밀 필요가 없는 사람, 집에 얽매여 매달 월세를 내거나 대출을 갚아야 할 필요가 없는 집을 원하는 젊은이들에게는 매력적인 대안이 될 수 있다.

요즘은 집을 사면 평생 살 것처럼 생각하는 것이 보통이지만, 실제로 삶의 단계에 따라 집 역시 변화가 필요하다. 어린 자녀를 동반한 가족이 원하는 집과 청소년이 있는 집, 그리고 고령인구들만 사는 집의 요구사항이 다르다. 지금은 그에 맞추어 이사를 하거나, 그냥 집에 맞추어 살아가는 것이 보통이지만, 미래에는 그때그때 집을 다시 짓거나 변형시키면서 살게 될 수 있다.

한편 홍수, 화재, 흰개미의 공격 등으로 건물이 파손되었을 때도 집이 복구될 때까지 난민 생활을 해야 하는 불편을 겪을 필요가 없다. 특히 주말과 주중의 삶을 분리해 별장을 갖고자 하는 사람들에게 콘투어 크래프팅은 좋은 대안이 될 수 있다.

무인자동차의 보급이 활성화되면 자동차를 소유하기보다 공유해서 사용하게 되기 때문에 차고의 필요성이 사라져 집은 더욱 작아진다. 또는 차고를 다른 공간으로 활용할 수도 있다.

인구가 줄어드는 미래에 빈집이 많아져 슬럼화된 거리도 건물을 해체하고 용도에 맞게 콘투어 크래프팅으로 거리를 변신시킬 수 있다. 도시계획을 지금보다 훨씬 쉽게 세울 수도 있다.

이에 따라 미래에는 부동산으로서 집의 가치가 거의 사라지고, 의식주 가운데 옷이나 음식처럼, 소비되는 생필품의 하나로 여겨지게 될 것이다.

콘투어 크래프팅 기술은 서던캘리포니아대학교 정보과학연구소의 베록 코시네비스Behrokh Khoshnevis 교수에 의해 시작되었다. 그는 비터비Viterbi 학교 컴퓨터 제어시스템을 이용해 실질적으로 신속하고 효율적으로 건축물을 구축하는 기술을 연구했다. 이 연구는 애초에 산업부품 금형 구축 방법에서 시작되었으며, 코시네비스 교수의 고향에서 잦은 지진으로 집들이 자주 파괴되자 자연재해 후 빨리 재건하는 방법으로 콘투어 크래프팅을 발전시켰다.

집을 지을 장소에 대형 크레인을 이용해 바닥과 천장까지 겹겹이 프린트해서 완성하는 이 기술은 프로그램을 통해 집 구성 부품, 배관, 배선, 유틸리티 및 내장되는 각종 첨단기기를 집을 만드는 중간 중간에 삽입할 수도 있다.

코시네비스 교수는 2010년 미항공우주국National Aeronautics and Space Administration, NASA 달 기지 건설에 이 기술을 사용하는 프로젝트를 제안했다. 그리고 3년 후 2013년에는 NASA는 서던캘리포니아대학교에 연구 자금을 추가로 지원해 우주에서 3D 프린터로 건축물을 프린트할 계획을 구상했다. 이 기술의 잠재적인 응용프로그램을 이용하면 달 기지 건축물의 90%를 달에서 프린트하고 나머지 10%는 지구에서 수송하게 된다.

3D 프린팅 건축은 단순히 작고 빨리 짓는 집을 떠나서 우리 삶의 터전이 현재의 육지를 떠나 해상이나 우주가 될 수 있도록 하는 데도 큰 역할을 할 것이다. 또한 3D 프린팅 건축이 활성화되면 주택 가격이 하락하고, 그 결과 주택 소유의 필요성을 줄여주어 주택 문화 자체를 변화시킬 것이다.

공유경제 시대에
집 소유 풍토가 사라진다

직장을 따라 노마드의 삶을 살게 되는 미래에 집은 사람에게 어떤 의미가 될까?

미래의 기술과 결합해 작아지고 저렴해지는 집은 현재처럼 '평생 살 공간'이 아닌 호텔처럼 그때그때 쉬어가는 공간으로 변한다. 집도 공유하는 시대가 오는 것이다.

우리는 필요하다고 생각될 경우 '즉시just-in-time' 소유해야 하고 실행해야 한다는 강박에 가까운 습관을 갖고 있다. 모든 것이 풍요로운 세상에서 살고 있기 때문에 의식주에서부터 CD, 장식품, 생필품 등 수많은 것을 사서 사용하고 보관한다. 그러나 이것이 많아지고 필요 없어지면 골치 아프다. '소유'라는 개념에 길들여져서 버리는 데도 고통이 따르기 때문이다. 미래에 우리가 더 긴 삶을 살다 보면 이런 고통 역시 더욱 길어질 것이다. 그럴 때 필요한 것이 '필요할 때just-in-case

만' 빌려서 사용하는 공유의 시스템이다.

디지털 시대에 들어서면서 우리는 음악을 듣고자 할 때 CD를 구입해 소유하는 대신 스트리밍 서비스로 필요한 기간에만 빌려 듣는다. 정보 엔터테인먼트 등 데이터도 필요한 기간만큼 클라우드 서비스를 이용하는데, 이용 기간이 지나면 자연스럽게 사라진다. 소유의 고통에서 벗어나는 것이다. 개인이 소유한 가정집의 빈방 등을 숙박객들과 공유하는 에어비앤비 같은 서비스도 이런 공유 경제의 단면이다.

공유 경제의 모델은 앞으로 급속히 대중화될 것이다. 브라이언 체스키Brian Chesky 에어비앤비 CEO는 공유 경제의 필요성에 대해 다음과 같이 말한다. "미국 내에 각 가정에서 소유한 드릴이 8,000만 개다. 미국인들은 평균 13분에 한 번씩 드릴을 사용한다. 그런데 미국인들이 8,000만 개의 드릴을 소유할 필요가 있을까" 공유 경제는 매우 효율적이고 쓰레기 양산을 막을 수도 있다. 남은 것은 소유에 얽매인 사람의 마음을 바꾸는 일뿐이다.

주택이 재산으로서 의미가 축소되고 옷이나 음식과 마찬가지로 살아가기 위해 소비하는 공간으로서 변해가는 미래에 이동성은 한층 강화된다. 학교나 일을 위해 집은 얼마든지 옮길 수 있고 그에 따른 가구나 생활에 필요한 다양한 집기들 역시 모두 최소화하고 빌려서 쓰는 등 의미가 달라진다.

실제로 주거에서 사용하는 제품 역시 줄어들게 된다. 예를 들어 예전에는 집에 전화와 텔레비전, 비디오플레이어, 오디오플레이어 등이 모두 갖춰져 있었다. 하지만 요즘은 스마트폰이 거의 모든 기능을 대신하고 있어서 사실상 스마트폰과 커다란 모니터만 하나 있어도 이전에 있던 모든 영상음향기기와 전화를 대신할 수 있다. 그만큼 그 가전들이 놓여 있던 공간이 줄어드는 것이다. 음식 3D 프린터가 활성화되면 대부분의 주방가전이 사라질 수 있으며, 사람이 살기에 가장 쾌적한 환경을 만들어주는 스마트홈이 완성되면 보일러, 에어컨, 공기청정기, 가습기 등의 가전제품도 사라질 것이다. 의상을 만들어주는 3D 프린터로 옷장을 줄일 수 있으며, 클레이트로닉스claytronics가 현실화되면 소파, 침대, 책상 등의 가구를 모두 갖추지 않아도 형태를 변형해 그때그때 필요한 가구로 만들어줄 것이다.

그렇게 되면 집이 얼마나 작아질지, 또 얼마나 쾌적해질지 지금은 상상할 수 없을 것이다.

작아도 삶에 불편함이 없게 되는 미래에 굳이 큰 집을 소유한다는 것은 세금의 부담 등으로 인해 극히 일부 사람들에게만 선호되는 삶이 될 것이다.

미래에 공유 경제가 활성화되면 집을 굳이 소유하려 들지 않고 어디서든 빌려 살게 될 것이다. 심지어 콘투어 크래프팅 기술로 하루만에 완성할 수 있기 때문에 집을 짓는 것에 그다지 부담을 느끼지도 않는다. 또 가상현실이나 홀로그램 기술로 인해 멀리 떨어진 가족과도 언제든 곁에 있는 것처럼 지낼 수 있게 되기 때문에 노마드의 삶은 더욱 강화될 것이다.

식생활은 공동식당에서, 주방이 사라진다

인간에게 가장 중요한 의식주는 미래 수명 연장에도 큰 영향을 받는다. 그중 하나가 식사 풍경의 변화다.

19세기 스웨덴에서 활동한 저술가 칼 요나스 로베 알름크비스트 Carl Jonas Love Almqvist는 아파트 같은 공동주택에 가구마다 주방이 갖춰져 있고 그곳에서 비슷한 음식을 각자 해 먹는 것이 매우 비효율적인 문화라고 비판했다. 아파트의 각 주방에서 식사를 준비하는 것은 거대한 음식점을 몇 개 세운 것과 유사한 인력과 에너지가 든다. 공동식당에서 음식이 제공되면 식사를 준비해야 하는 사람들은 여유를 얻을 것이고, 그 시간에 일, 자원봉사, 공동육아는 물론 요양이 필요한 부모의 부양도 공동으로 할 수 있다. 따라서 미래학자들은 고령화 시대에는 다시금 초기 아파트 문화인 공동식당이 되돌아올 것으로 예측한다.

이는 20세기의 중앙식당빌딩central kitchen buildings이라는, 주로 유럽 국가의 수도에서 시작된 트렌드를 말한다. 1903년 코펜하겐의 한 아파트에 픽의 공동식당Fick's collective이 생겼다. 첫 공동식당을 만든 오토 픽Otto Fick의 이름을 딴 이 공동식당은 스톡홀름, 베를린, 함부르크, 취리히, 프랑스, 런던, 비엔나 등에 지어지는 아파트 지하공간에도 생기기 시작했다.

1905~1907년 사이 스톡홀름에서 집중적으로 지어진 공동식당은 60여 개 아파트의 지하에 주로 만들어졌고, 음식을 올려보낼 수 있는 승강기도 함께 만들어져서 각 층으로 음식이 배달되도록 했다. 이 아이디어는 가정부나 요리사가 비싸므로 공동으로 부담하자는 취지로 시작되었으며, 식당은 주로 레스토랑을 운영하는 기업이 맡았다. 하지만 주방기기의 가격이 내려가고, 사생활이 강화되면서 20세기 중반에 아파트 안에 주방을 따로 만들기 시작하면서 자연스럽게 사라졌다. 가구별 주방 트렌드는 100년 이상 굳건히 이어져 왔지만, 고령화 사회가 되어가면서 20세기 초기에 아파트에서 지어졌던 공동식당이 다시 인기를 얻을 것으로 보인다.

고령자를 위한 아파트 준공식에 총리가 참석하면서 할 정도로 고령화는 미래의 큰 파도가 되고 있다. 뉴질랜드 셀윈 재단이 2008년 고령인구에게 새로운 공공 서비스를 제공하는 아파트를 오클랜드에 건축했는데, 이 준공식에 헬렌 클라크Helen Clark 뉴질랜드 총리가 참석했다. 고령화 서비스를 제대로 갖춰서 오스트레일리아의 고령자를 유치하고자 하는 의도가 담겨 있다. 지금의 베이비붐 세대는 다른 어느 세대보다 부유하다. 이들이 은퇴하기 시작하자 각국에서 이들의 노후생활을 유치하기 위해 손길을 뻗치고 있다. 그러다 보니 독립된 생활을 즐기되 식사 등은 제공하고, 또 이를 이웃과의 사교의 장으로 활용하는 공동식당이 다시 주목받고 있는 것이다. 고령인구 증가로 생기는 고령자 아파트에서는 각종 서비스가 손쉽게 제공되어야 하며, 건강하게 장수하기 위한 사회활동의 일환으로 지역사회 자원봉사 활동의 기회를 주어야 한다.

주택시장의 추락으로 인해 변하는 것

콘투어 크래프팅이 활성화되면 건축물의 희소성이 대부분 사라지고 누구든지 프린트해서 쉽게 집을 소유할 수 있게 될 것이다. 따라서 집값이 지금과는 비교도 안 되게 저렴해지며, 사고파는 일도 줄어들어 부동산 시장 자체가 변하게 된다. 콘투어 크래프팅으로 프린트된 주택은 심지어 임대주택마저 없어지게 만들 수 있다. 지금 가계의 큰 부분을 차지하고 있는 주택담보대출이 사라지면서 자본시장의 붕괴 또는 변혁으로 이어질 것이다.

주택시장의 추락은 자본시장의 격변을 예고하는 것이다. 주택이 불연성 재료로 인쇄되면 더 이상 화재보험이 필요가 없다. 인간은 마침내 거의 무료인 주택에 살게 되면서 집은 사지도 않고 빌려 쓰거나 프린트해서 쓰다 버린다. 사람들은 무소유주의, 공유주의 경제에 익숙해지며 모든 것을 빌린다. 주택산업이 변하면서 은행 역시 추락하고 소멸하게 된다.

또 도시 인구가 자신의 집을 신축하는 데 하루가 걸린다면 이동성 강화가 일어나 사람들이 더 쉽게 이동하며 결혼의 필요성이 줄어들어 비혼자들은 지금보다 더욱 늘어난다. 정치적 망명과 노동 이주, 교육 이주, 행복 이주 역시 더욱 쉬워진다. 움직이는 사람들을 유치하기 위해 정치인들은 집에 대한 세율을 변경하게 되며 범죄행위를 줄이는 데 더 적극적으로 뛰어들 것이다. 세금이 적고 안전한 곳에 살고자 하는 것은 모두의 바람이기 때문이다.

공동화 위기 속
빌딩 생존전략

스마트워크, 즉 재택 원격근무는 미국의 IBM에서 시작되어 전 세계로 퍼져 가고 있는 미래 업무형태의 하나다.

사무실 근무를 벗어나 언제 어디서나 효율적으로 일한다는 의미를 담고 있으며, 모바일 기기를 이용해 업무를 수행하는 모바일 오피스, 영상회의 시스템 등을 활용하는 원격근무, 재택근무 등이 포함된다.

2012년 1월 로이터통신Reuters의 여론조사에 의하면 전 세계 다섯 명 중 한 명이 스마트워크를 하고 있으며 특히 중동, 남미, 아시아의 스마트워크 인구가 급증하고 있다. 미국은 기업들이 앞장서서 스마트워크를 도입하고 있으며, 정부 차원에서 기상이변 등에 유연하게 재택근무를 적용시키고 있다. 미국 정부는 스마트워크 1인당 2만 달러의 비용이 절감된다고 발표했다.

빌 할랄 조지워싱턴대학교 명예교수가 운영하는 부상기술 예측 시스템 테크캐스트에서는 스마트워크 시장의 규모가 2020년에 미국 시장만 5,000억 달러, 전 세계에서 2조 달러 규모로 커질 것으로 예측했다.

재택근무를 가장 먼저 시작한 IBM은 계속되는 실적 부진에 2017년 5월에 재택근무를 폐지를 선언했다. 그럼에도 스마트워크는 전 세계적인 트렌드가 되었으며, 미래로 가는 피할 수 없는 흐름이라는 사실은 변함없다. 고령화로 인한 노동인구 감소, 개발도상국의 도심 사무실 부족, 기후의 급격한 변화를 피부로 느끼는 정책입안자들이 온실가스 배출을 적극적으로 줄이는 등의 영향이다. 또 ICT 플랫폼 네트워크와 관련한 소프트웨어 산업의 새로운 일자리 창출도 가능하기 때문에 스마트워크는 일거양득이다.

유연하고 합리적으로 근무할 수 있는 스마트워크는 출산 및 육아로 경력 단절을 겪는 여성들은 물론 고령자, 장애인 등의 근무환경 문제를 해결해주고 업무 생산성도 향상해줄 것이다. 또 우수한 인재를 확보하고 퇴직자를 감소시켜 조직의 전문성이 강화되고 취업의 기회가 확대되며, 사무실 운영비용, 퇴직자 재교육비용 등 사회간접비용을 줄여준다.

한편 스마트워크가 활성화될수록 도심의 사무용 빌딩들은 공실률이 높아질 것이다. 이렇게 비게 되는 건물들을 활용하는 방법으로 주목받는 것이 '메이커운동makers movement'이다.

메이커운동은 오픈소스 제조업운동으로, 네트워크의 발달과 3D

프린터 등 기술의 발달로 디지털제조업을 개인이 할 수 있게 된 환경에서 개인이 자신의 능력과 창조성을 발휘해 다양한 물품을 제조하는 활동을 말한다.

메이커는 일부 직종을 사라지게 하겠지만, 잠재적으로 더 많은 자영업과 프리랜서 '일'이 생겨날 수 있다. 밀레니엄프로젝트의 전문가들은 2050년에 일자리 창조를 돕고 실업을 방지할 요소 중 하나로 메이커 지원 시스템을 꼽기도 했다. 메이커 지원 시스템 중 하나로 그들이 적극적으로 메이커활동을 할 수 있는 공간을 제공할 것이며, 이 공간은 현재 사무실로 가득 찬 도심의 빌딩들이 될 것이다.

한편 쇼핑몰 기반의 빌딩들 역시 인터넷 쇼핑이 활성화되면서 점차 문을 닫고 있다. 시어스Sears와 J.C.페니컴퍼니J. C. Penney Company 같은 쇼핑몰 기반의 백화점 체인들은 2017년에 수백 개의 매장을 폐쇄한다고 발표했다. 다가오는 10년 동안 더욱 많은 소매업 체인들이 문을 닫을 것으로 예상된다. 세계적인 금융 서비스 기업 크레디트스위스Credit Suisse의 최근 보고서에 따르면 쇼핑센터의 20~25%220~275개가 백화점 폐쇄로 인해 향후 5년 이내에 문을 닫을 것으로 예측했다. 소매업 전문가들은 전통적인 쇼핑몰의 쇠퇴는 미국 소비자들의 소비습관 변화에 기인한다고 말했다. 미국 소비자들은 온라인 쇼핑몰을 더 선호하거나 물건 대신 체험에 돈을 쓰고자 한다.

뉴욕시티컬리지City College of New York의 건축학과 교수이며《도시 교외의 생활 방식 재편Retrofitting Suburbia》의 저자인 준 윌리엄슨June Williamson은 〈비즈니스 인사이더Business Insider〉와의 인터뷰에서 쇼핑몰의 미래는 백화점보다는 다른 커뮤니티에 더 많은 기회가 있다고 말했다.

대형마트, 슈퍼마켓, 약국 등에서 감기 치료 및 예방접종 등 비교적 간단한 진료 서비스를 제공하는 '리테일 클리닉retail clinic'은 지난 10년 동안 폭발적으로 늘어났다. 2011년에서 2016년 사이에 쇼핑몰 안의 클리닉을 방문하는 사람들은 15% 증가했으며 긴급 진료소의 3분의 1은 쇼핑센터 안에 있다.

교회의 교구와 도서관 같은 커뮤니티 센터도 비어 있는 백화점을 찾고 있다. 켄터키 주의 한 교회는 2010년에 렉싱턴 몰을 810만 달러에 구입해 보육원과 학교, 2,800명을 수용할 수 있는 예배당으로 개조했다.

다른 쇼핑몰은 비어 있는 백화점을 러닝머신과 자전거 운동기구로 채우기로 결정했다. 펜실베이니아주의 스크랜턴에 있는 스팀타운 몰에 있던 글로브 백화점은 2016년 5월 체육관이 되었으며, 인근에 살고 있는 1,000여 명이 회원으로 가입했다.

윌리엄슨 박사는 이처럼 폐쇄된 점포들이 운동센터, 교회, 사무실, 공공도서관, 영화관, 의료 센터와 같은 대형 건물을 이용할 수 있는 다른 업종으로 전환되어 활용될 수 있다고 말한다.

part 2

기술에 따라
집이 변한다

4

기술이 바꾸는
세상

기술의 진보는
점점 더 빨라진다

　'기술 변화의 속도는 가속되고 있다.' 이 말은 이제 상투적인 문구가 되었다. 라디오에서 TV로, TV에서 인터넷으로, 다시 웹으로…. 미생물학에서 생물공학으로, 유전자학에서 합성생물학으로…. 생략된 부분은 시맥틱웹semantic web: 컴퓨터가 사람을 대신해 정보를 읽고 이해하고 가공해 새로운 정보를 만들어내는 차세대 지능형 웹, 증강현실augmented reality, AR, 양자컴퓨팅, 4D 프린팅, 나노봇nanobot 생산 등 더욱 빠르게 발전하는 기술에 의해 대체되어갈 것이다.

　2050년이 되면 사람보다 드론drone: 무인항공기의 수가 더 많아질 것이다. 이러한 변화 가운데 일부는 기술에 의해 가속될 것이다. 데이터 공유, 오픈 사이언스, 국제협력 등은 새롭게 등장한 ICT에 의해 가능해진 것이다. 상당수의 다국적 기업들은 대부분 OECD 회원국보다 더 많은 돈을 연구개발에 투자하고 있다.

113

다음 중 어떤 미래가 실현될까?

- 동물 없이 고기를 배양한다.
- 바다에 부유하는 수직농장을 건설한다.
- 사이버 자아가 될 아바타를 만든다.
- 생물공학 기술로 만들어진 옷을 입는다.
- 도시를 에코스마트eco-smart 도시로 만든다.
- 전 세계적으로 디지털화된 고용시장에서 일자리를 창출한다.
- 신장과 자동차를 프린트한다.
- 디지털 집단지성을 개발한다.

이들 모두 미래에 실현 가능하다고 예측되는 것들이다. 더 중요한 것은 앞으로 수십 년 안에 다가올 진정 파괴적인 기술의 잠재력이다. 그 하나를 예로 들면 AI다.

AI의 등장은 오래된 이야기다. 적어도 1970년대부터 연구되었고, IBM의 왓슨Watson처럼 몇 가지 인상적인 사례가 있었지만 경제에 광범위한 영향을 주지는 못했다. 하지만 변화는 시작되었다.

전 세계에서 다양한 프로젝트를 통해 연구자가 대기실에서 환자의 병력과 증상을 수집해 의사가 청진기를 대기도 전에 진단을 제공할 수 있는 전문가용 태블릿 컴퓨터 시스템을 개발하고 있다. 수년간 수백만 명의 환자와 의사의 상호작용 데이터를 모으고 분석한 이런 시스템은 보건 분야의 경제학을 확실하게 변화시킬 것이다. 개인화된

학습 과정이 일상이 되고 교육적인 게임과 소프트웨어 산업 역시 흥할 것이다.

새로운 기술의 영향은 좋은 것일 수도 있고 나쁜 것일 수도 있다. 다음과 같은 경우를 상상해보자.

- 자동화로 인해 구조적 실업이 50%를 초과한다.
- 홀로 활동하는 테러리스트들이 치명적인 바이러스를 퍼뜨리기 위해 합성생물학을 이용한다.
- 농업에 해를 끼치고 신종 질병을 유발할 수 있는 새로운 생명체가 연구소에서 유출된다.
- 약제 저항성을 가진 질병들이 보건비용을 증가시킨다.
- 원자력 발전소, 수도 시스템, 전력망 등에 대한 공격이 있을 수 있다.
- 사이버 위험과 정보 전쟁이 편집증과 전체 비용을 증가시킨다.

기술 변화의 가속은 우리 주변에 존재하는 기기의 수를 증가시킨다. 새로운 기술은 새로운 센서와 통신을 통해 디지털 세계와 물리적 세계 모두에서 우리의 연결성을 향상시킨다. 이러한 기술은 '빅데이터'를 자동으로 취급하고 실시간으로 분석하며, IoT가 사물 간 통신을 통해 스스로 작동하게 만든다. 삶을 편리하게 해주는 기기가 늘어날수록 생활 역시 편리해지며 우리의 주거 환경도 크게 변할 것이다.

한편 기술 변화와 관련해서 인류의 사고방식도 변할 것이다. 지난 수백 년 동안 안경과 현미경, 망원경은 우리의 시야를 확장해주고 시력을 증강해주었다. 미래에는 칩을 이식해서 AI가 기억을 백업해주고 학습 속도를 높여주고 우리의 실수를 교정해주며 우리의 행동을 조언하는 날이 올 수도 있다.

웹과 소셜미디어가 지배하는 디지털 세상이 오면, 개인의 권한은 더욱 커질 것이다. 이러한 디지털 세상에 대한 대비책 역시 있어야 한다.

네트워크 시대의 생존 본능
'제7의 감각'

2016년 여름, 〈월스트리트저널〉은 '터키 역사상 최초로 시민들이 군부 쿠데타를 막기 위해 일어났음'을 지적했다. 무슨 일이 있었던 것일까?

반란군은 TRT 공영방송국을 통해 정권의 전복을 발표했다. 하지만 이 방송은 많은 사람이 시청하지 않았다. 반면 에르도안Erdogan 대통령은 CNN 터키 기자와 영상통화로 인터뷰하면서 현 정부의 합법성을 선언하며 지지자들에게 거리로 나와 쿠데타를 막아달라고 요청했다.

놀랍게도 스마트폰을 가진 지도자가 제트기와 탱크를 가진 집단보다 더 강력하다는 사실이 입증되었다.

테러리스트의 공격, 놀라운 경제적 사건, 예상 밖의 선거 결과 같은 새로운 것들이 뉴스 헤드라인을 장식하고 있는 요즘 세계는 혼란스럽고 단절된 것처럼 보인다. 그러나 국제 컨설팅 기업의 경영자이며 작가인 조슈아 쿠퍼 라모Joshua Cooper Ramo는 이러한 현상들이 같은 역사적 변곡점을 나타내는 것이라고 주장한다.

라모의 저서인 《제7의 감각The Seventh Sense》은 터키의 쿠데타와 미국의 도널드 트럼프Donald Trump 당선 이전에 출판되었지만, 이러한 유형의 지정학적 사건을 명확히 설명해주고 있다.

역사적 변곡점은 지난 수년 동안 우리 주위에 전개되어왔다. 2010년의 '아랍의 봄'은 시민들이 정치적 시위를 조직하고 소통하는 방식의 하나로 소셜미디어의 힘을 보여주었고 2008년 버락 오바마Barack Obama의 당선은 페이스북Facebook을 통한 최초의 선거 승리를 설명하고 있다. 최근에 일어나고 있는 세계적 사건은 혼란이 더욱 심화되고 있다는 신호다.

네트워크 기술이 지속적으로 성장하고 우리의 삶에서 더 많은 부분을 차지하게 되면 앞으로 더욱 놀라운 결과들을 맞이하게 될 것이다. 트럼프의 당선으로 인해 정치적 스펙트럼의 양측이 모두 얼마나 큰 충격을 받았는지를 생각해보라.

라모는 인터뷰를 통해 트럼프의 승리를 다음과 같이 설명했다.

"만약 1년 전에 이곳에 앉아 공화당 후보가 될 가능성이 가장 높은지를 물어보았다면 가족 중에 두 명의 대통령이 있고 40년간의 정치 경력을 가지고 있으며 공화당과의 연관성을 가지고 있는 사람제프 부시를 말한다과 이와 반대로 500만 명의 트위터Tweeter 팔로어를 가지고 있고 리얼리티 TV 쇼를 진행한 배경을 가진 사람트럼프을 들었을 것이다. 트럼프는 전통적인 사고방식에서는 거의 드러나지 않는 일련의 네트워크 연결을 대표하고 있다."

보이지 않는 유권자 네트워크를 활용할 수 있는 트럼프의 능력과 아이폰 카메라를 통해 지지자들에게 접근할 수 있었던 에르도안의 능력은 라모가 '제7의 감각'이라고 말하는 것이다. 이는 어떤 사물이 연결에 의해 변화되는 방식을 알아채는 능력이라고 할 수 있다.

정치적 지도자, 토스터, 테슬라 자동차 모두 네트워크에 연결되어 있다. 라모는 네트워크 시스템 즉 데이터베이스, 소프트웨어 플랫폼, 정보와 사람의 흐름에 연결되는 순간 사물의 본질이 바뀐다고 말한다.

침실은 에어비앤비를 통해 여행자 네트워크에 연결되기 전에는 그저 침실이지만, 연결되고 나면 호텔 방이 된다. 당신의 자동차는 우버의 방대한 탑승자 커뮤니티에 연결되면 택시로 변하게 된다. 자율주행 기능을 일부 갖춘 테슬라 모델 S는 이미 놀라운 기술을 나타내고 있다. 그러나 도로 위의 다른 모든 모델 S와 연결되면 집단지성의 자기개선 노드의 하나가 되어 각각의 차량들이 경험과 학습내용을 공유하게 된다. 이처럼 네트워크와 뭔가가 연결되면 본질이 변화된다.

지정학적으로 보면 연결된 소셜 플랫폼은 이데올로기의 확산을 증폭시킨다. 테러리즘을 예로 들면 사람들의 안전 의식에 심리학적 공격을 가하는 테러리즘의 핵심이 크게 변화하고 있다. '네트워크 기술은 한때 발사체에 화약이 미친 영향을 테러 공격에 미치고 있다.

네트워크 기술은 충격을 더욱 충격적이게 만든다.

저항 세력들과 테러리스트들은 연결을 통해서만 존재할 수 있는 힘을 이해하고 있다. 그렇다면 네트워크는 민주화로 해석될 수 있을까? 연결된 시스템에서 권력은 극심한 집중과 엄청난 분산을 경험하게 될 것이다. 단순한 이분법으로는 이것을 이해하기는 어렵다. 조만간 권력과 영향력은 봉건시대보다 더 집중되는 동시에 민주주의 전성기보다 더 분산될 것이다. 이 이분법을 이해하고 활용하는 사람에게는 '제7의 감각'이 있는 것이다. 우리 사회는 네트워크 시대를 위해 스스로 파괴되고 재건되고 있다.

라모가 정의하는 '복잡하지만 복잡하지 않은 것'의 중요한 차이점은 다음과 같다. '복잡한 메커니즘은 설계하고 예측하고 제어할 수 있다. 제트엔진, 인공 심장, 계산기는 이런 종류의 복잡한 기계다. 하지만 이와 대조적으로 복잡한 시스템은 정밀하게 설계할 수 없다. 완전히 통제할 수도 없다. 인간 면역학은 이런 종류의 복잡함이다. 인터넷도 열대 우림도 이러한 복잡함이다.'

'세계는 완전히 이해할 수 있는 기계적 요소의 집합'이라는 계몽주의 시대는 막을 내렸다. 복잡성 과학자complexity scientist이며 작가인 새뮤얼 아브스만Samuel Arbesman은 현대 과학기술 시대는 예전에 믿었던 지식과 통제력을 종식시킨다고 말했다. 이미 비행 내비게이션 시스템, 머신러닝 알고리즘, 금융 시스템을 완전히 이해하고 있는 사람은 없다. 혼자서는 누구도 전체 시스템을 알지 못하는 시대에 살고 있는 것이다.

라모는 인식 가능성에 관한 논의에 새로운 변수로 네트워크를 도입했다. '연결'은 설계하고 예측하고 제어할 수 있는 복잡한 객체를 통제할 수 없는 복잡한 것으로 만든다.

네트워크는 예측 가능한 움직임을 가진 테슬라 모델 S와 같은 객체를 해독할 수 없는 상호작용 연결의 미로에 집어넣는다. 연결에 의해 놀라운 상호작용이 일어나며 불확실성을 만들어낸다. 연결과 네트워크, AI의 지배와 사용이 실제적이면서 결정적인 영향력을 행사하게 된다. 그리고 이것은 소리 없이, 우리도 모르는 사이 진행된다. 역사는 공개적으로 이루어졌다. 큰 전쟁이 나면 모를 수가 없었다. 혁명은 뉴스 헤드라인에 올랐다. 세상이 크게 변하면 그 변화를 알아채고 이해할 수 있었다. 그러나 이제는 내부 네트워크 시스템을 미묘하게 조작함으로써 역사적으로 대단한 영향을 주는 사건이 발생할 수 있다. 우리가 알아채기도 전에 거대한 힘의 변화가 일어날 수 있으며, 알아챈다 하더라도 그 변화의 영향을 인식하지 못하게 될 수도 있다.

라모는 "더 많은 복잡함은 더 많은 상호작용을 만들어낸다"며, 앞으로 발생하는 일들은 지금보다 더 힘들고 도전적인 것이라고 말한다. 금융시장에서 벌어지는 전쟁, 테러리스트와의 싸움, 생물학 발전의 위험 관리 등 다가오는 일들은 결코 쉽지 않다.

라모가 제시하는 비전의 독특한 점은 방향성이나 판단이 없다는 점이다. 모든 일은 좋은 것일 수도, 나쁜 것일 수도 있다. 멋진 것일 수도 있고 두려운 것일 수도 있으며, 동시에 일어날 수도 있다. 세계는 유례없는 속도로 변화하고 있으며 이러한 변화에는 희망과 위험 모두가 존재한다.

미래는 우리가 네트워크에 들어가느냐 마느냐를 정하는 것이 아니라 어떤 방식으로 네트워크에 관련될 것인가에 대한 것이다. 미래에는 과거에 믿음직했던 것들이 쓸모없어지고 우리의 직관만이 중요해진다. 그것이 바로 새로운 생존 본능이고 '제7의 감각'이라는 것이다.

전기차의 미래는
ESS에 달려 있다

현재 전기자동차에서 가장 중요한 기술은 배터리다. 전기자동차에서 배터리는 내연기관자동차의 엔진과 같은 기능을 한다. 그런 배터리가 현재는 가격이 비싸거나 충전이 오래 걸리는 등 개선해야 할 점이 많다. 자동차에 들어갈 배터리는 너무 무거우면 자동차의 주행 성능이 떨어진다. 단위 무게나 부피당 전기를 저장하는 양이 많아야 한 번의 충전으로 오래 달릴 수 있다. 충전시간이 너무 오래 걸려도 제때 이용하지 못하는 문제가 생길 수 있다. 또 이 모든 것을 갖췄다고 하더라도 가격이 비싸면 내연기관 자동차와의 경쟁에서 이길 수 없다.

그런데 최근 리튬이온배터리 기술이 빠른 발전을 보이면서 전기차 시대가 성큼 다가오고 이다.

노트북의 배터리 가격이 15년간 매년 14% 하락했고 2010년 이후에는 매년 16% 하락 중이다. 〈블룸버그뉴에너지파이낸스〉에 따르면, 2016년 배터리 제조비는 팩 가격을 기준으로 1kWh당 273달러로, 2014년의 540달러와 비교해 2년 만에 절반 수준으로 하락했다.

이에 힘입어 리튬이온배터리 ESS 시장 역시 급격히 팽창하고 있다. 배터리 산업은 3조 달러 이상의 투자가 이루어지고 있고 대부분은 전자제품 배터리, 전기차 배터리, ESS 배터리에 투자된다.

2015년 5월 테슬라가 가정용 배터리 파워월power wall을 3,000달러에 판매하기 시작하자 첫 주에만 3만, 8,000대의 주문이 밀려들었다. 테슬라의 일론 머스크는 파워월 1억 6,000개면 미국에 다른 발전소가 불필요하며 20억 개면 전 세계 태양광 마이크로 그리드micro grid: 기존의 광역적 전력 시스템으로부터 독립된 분산전원으로 신재생 에너지원과 ESS가 융·복합된 차세대 전력 체계로 에너지를 제공할 수 있다고 말한다. 테슬라는 100kWh의 ESS를 250달러에 제작한다는 목표를 갖고 있으며, 테슬라 배터리 공장 기가팩토리에 50억 달러를 투자해 6,500개 일자리를 만드는 한편 50GW 전기자동차 배터리를 50만 개 생산해 가격을 30% 내리겠다고 발표했다. 테슬라가 2020년에 35GWh, BYD가 34GWh, 폭스콘Foxcon과 LG화학이 22GWh, 그리고 닛산Nissan, 삼성SDI, 애플Apple, 보쉬Bosch, 폭스바겐Volks wagon 등이 대량 생산에 들어가면 2020년 ESS는 절반가로 하락할 것이다.

미국은 지난 2010년 ESS 설치 의무화 법안을 제정하고500W~1MWh 가정·중대형 ESS 설치 시 투자세액의 30%를 감면해주고 있다. 그뿐만 아니라 2014년에 캘리포니아주 테하차피 풍력발전단지의 모슬리스 변전소에 북미 최대 규모의 32MWh급 ESS 구축을 완료해 현재 가동하고 있다. 독일의 경우 LG화학, 삼성SDI 등과 함께 자국 최대 규모 10.8MWh ESS 사업을 구축하고, 2020년까지 마이크로 그리드의 비율을 총 전력 생산량 대비 25%까지 확대하겠다고 발표했다. 한편 일본은 지난 2011년 이미 자가 발전량이 전체 발전량의 22.6%에 이르렀다.

한국은 대형 발전, 즉 원자력과 석탄 발전의 단가는 싸지만 태양광에는 없는 송전비용을 제하고도 유지·관리비용, 사회비용, 환경비용, 기후변화비용을 고려해야 한다. 대형 발전소에서 전력을 보내기 위한 변전소 및 송전탑을 설치하고 유지하는 비용만 해도 지난 10년간 27조 원이 들었다. 태양광은 송전비용이 없이 지붕 위에서 생산해 지붕 밑에서 쓰는 편리한 에너지다.

한편 배터리와 태양광 에너지 생산 기술이 발전해 전기차가 일반화되면 석유 소비의 60% 이상을 차지하던 휘발유 자동차가 사라질 것이다. 휘발유 자동차를 구성하는 부품은 수백 가지에 달하지만 전기차는 이보다 훨씬 적다. 부품이 적은 만큼 수리해야 할 일도 적다. 심지어 테슬라는 전기차 영구품질보증을 제공하고 있다. 또 전기차들은 대부분 무료 충전 옵션이 붙기 때문에 일반 자동차와 비슷한 가격이라면 고객은 전기차를 선호할 것이다. 그때가 내연기관 자동차의 소멸이 시작되는 시점이다.

내연기관 자동차가 17~21%의 연료 효율성을 가지며 나머지 80%는 매연으로 공기를 오염시키는 반면, 전기차는 90~95% 연료 효율성을 가져 에너지 효율 측면에서도 뛰어나다. 현재 테슬라뿐만 아니라 GM general Motors: 제너럴 모터스, 닛산 등의 기존 자동차 업체도, 아이폰을 생산하는 폭스콘 등 ICT 관련 제조업체들도 뛰어들고 있다.

자율주행차가
바꾸는 세상

미국 하원이 2017년 9월 6일 50개 주에 걸쳐 통용될 자율주행차 관련 법안을 승인했다. 무인 자율주행차의 시대가 본격적으로 열린 것이다. 자율주행차에 부과될 수 있는 추가 규제들을 미리 예방하는 격인 이 법안이 상원 의회를 거쳐 백악관에서도 승인된다면, 자동차 제조업자들은 자율주행차 보급에 산적한 문제를 크게 해소할 수 있을 것으로 보인다.

가까운 미래에 자동차는 기계, 즉 AI 로봇이 운전하게 되고 사람은 자동차 안에서 트위터, 페이스북, 인스타그램Instagram, 카카오톡Kakaotalk을 하게 된다. 구글의 무인자동차는 2016년 10월에 누적 주행거리 322만km를 넘겼으며, 마운틴뷰만 아니라 샌프란시스코, 심지어 미국에서 멕시코까지 운행을 마쳤다.

2018년부터 무인자동차는 서서히 일상생활 속에 모습을 드러낼

127

것이다. 무인자동차 전방의 장애물을 감지하고 알려주는 360도 센서 라이다light detection and ranging, LiDAR: 레이저 반사광을 이용해 물체와의 거리를 측정하는 기술가 2012년에 처음 개발되었을 때는 1억 5,000만 원에 달하고 크기도 자동차 지붕 전체에 얹어야 할 만큼 컸지만 곧 스마트폰 크기로 줄어들고 가격도 수십만 원대까지 떨어질 것이다. 다시 말해 일반 자동차나 자율주행차나 거의 같은 가격대가 형성된다는 뜻이다.

글로벌 투자은행 골드만삭스에 따르면 자율주행차 시장은 2015년 30억 달러에서 2025년 960억 달러, 2035년에는 2,900억 달러 규모로 급성장할 전망이다.

벤츠Benz, 폭스바겐, 닛산, GM, 포드Ford, BMW 등 8개 완성차 회사들이 실리콘밸리에서 자율주행 테스트를 진행 중이며 2017년 4월에는 애플도 캘리포니아차량국에 자율주행 허가 신청을 마치고 현재 2015년형 렉서스 하이브리드모델 6대로 기술 개발과 테스트를 하고 있다. 이외에도 델파이, 보쉬, 엔비디아 등의 부품사, 테슬라, 패러데이퓨처, 넥스트EV 등의 전기차 생산기업, 죽스, 드라이브, 오로라, 누로 등의 스타트업도 기술 개발에 총력을 기울이고 있다. 이들 기업은 2021~2023년경 완전자율주행이 가능할 것으로 전망한다.

여기에 2~3년이 더 지나 실제 주행을 통해 데이터가 쌓이면 목적지 주차까지 완벽하게 해내는 5단계 완전 자율주행도 가능해질 것이다.

자율주행차들은 사물 간 통신을 통해 차량 간격을 일정하게 유지하고 졸음이나 음주운전도 사라지며, 그 결과로 교통사고 사망자도 줄여줄 것이다. 여기에 무인 상태로 차가 지정 장소로 이동하게 되면 주차난 역시 사라질 것이다. 또 무인자동차가 시장에 널리 분포되면 카 셰어링 역시 유행하게 되어 미래에는 15명 가운데 1명만 차를 사는 꼴이 될 것이다.

현재 전 세계 100만 명이 우버를 운전하며 1,000만 명이 우버를 탄다. 2015년 5월 현재 우버는 311개 도시 38개국에 진출했다. 자동차는 주택 다음으로 돈을 많이 투자하던 자산이지만 점차 자동차를 소유하기보다 우버 이용하는 것이 효율적인 이동법으로 변하고 있다. 결국 전 세계의 80%는 자동차를 사지 않게 되며, 주차장 역시 80% 소멸하게 된다.

도어 투 도어 서비스로
더 가까워지는 대중교통

━━━━━━━━━━━━━━━━

자율주행차의 등장은 자동차 시장을 바꾸는 것은 물론 도로와 주차장까지 변화시킬 것이다. 또 자율주행 트럭은 물류를 완전히 변화시킬 것으로 예상된다.

다수의 사람을 태우고 정류장을 따라 이동하는 버스의 경우는 어떨까? 테슬라의 일론 머스크는 버스들이 고정된 정류장을 줄이고 대신 우버 시스템과 같은 승하차 접근방법을 택하게 될 것이라고 말했다. 여기에는 알고리즘에 친숙한 더 많은 스타트업들이 운송산업에 뛰어들게 된다.

네바다주의 리노시에서는 미국 최초로 자율주행 대중 버스가 개발되고 있다. 리노의 빌딩들은 실리콘밸리 빌딩들보다 높으며, 복잡한 알고리즘을 테스트할 수 있는 훌륭한 비주얼을 제공한다. 날씨는 더 혹독하고 건조하며 때로 눈이 내린다. 그리고 보행자들이 있다.

네바다대학교 리노 첨단 자율주행시스템혁신센터Advanced Autonomous Systems Innovation Center의 수석 엔지니어인 리처드 켈리Richard C. Kelley는 "카지노에서 나와 걸어 다니는 사람들이 있는데, 그들은 어디로 걸어갈지 예측하기 어려운 사람들"이라고 말했다. 14톤에 이르는 기계로 하여금 도심 속 혼란을 스스로 헤쳐 나가도록 가르쳐야 한다면 리노는 좋은 학교가 될 수 있다.

최근 네바다대학교는 2019년까지 도로를 주행할 수 있는 자율주행버스의 3단계 프로젝트를 시작한다고 발표했다. 첫 번째 단계는 2017년 6월 1일부터 센서가 장착된 승객 수송용 전기 버스가 혼잡한 버지니아 스트리트를 따라 만들어진 3마일의 경로를 주행하며 주변 상황을 조사하게 된다. 첫 번째 단계에서 주행에 필요한 데이터를 수집하기 위해 인간 운전자가 모든 작업을 수행한다. 2단계에서는 연구진들이 수집된 정보를 이용해 자율주행 시스템을 구축한다. 3단계에서는 기술을 상업화하고 허가를 취득해서 가장 까다로운 도시의 도로를 정복할 수 있기를 희망하고 있다.

이 프로젝트는 아직 해야 할 일들이 많다. 버스는 자율주행차와 마찬가지로 교차로, 자전거 이용자, 보행자 외에도 버스만이 가진 문제들도 해결해야 한다. 버스는 사각지대가 더 넓고 높은 시야각에서 촬영된 영상을 이용해 훈련받아야 한다. 그리고 뭔가가 잘못되었을 경우 더 많은 생명이 달려 있다.

가장 우선적인 것은 안전 문제다. 메르세데스 벤츠나 프로테라와 같은 자동차 회사들은 이미 대부분의 고급 승용차에서 볼 수 있는 차량거리 유지 기능, 차선 유지 기능, 사람이나 자동차가 운전자의 시각에 들어왔을 때 경고해주는 기능 등 자동화된 기능을 적용한 버스를 판매하고 있다.

워싱턴주의 버스운송회사인 피어스 트랜짓Pierce Transit이 1년 동안 진행한 연구에 의하면 자율주행자동차용 카메라를 만드는 모빌아이Mobileye가 센서가 장착된 일곱 대의 버스를 추적했다. 이 버스 중 어느 한 대도 보행자나 자전거 통행인과 부딪히지 않았고 운전자들은 센서의 지원을 받지 않은 동료 운전자보다 보행자를 위험에 처하게 한 상황이 43% 적었다. 이러한 결과는 연방대중교통청Federal Transit Administration으로 하여금 피어스 트랜짓에 170만 달러를 지원해 이 자동화 기능을 전체 버스에 확대하도록 했다. 이처럼 자동화만으로도 모든 사람을 더 안전하게 만들 수 있다.

대중교통회사들이 자율주행을 추구해야 할 또 다른 이유는 돈이다. 버스는 다른 교통수단에 비해 안전하다. 통계에 의하면 버스는 여객 거리 16억km당 사망자 수가 0.11명으로, 승용차나 경트럭의 7.28명에 비해 상당히 안전한 편이다. 하지만 여전히 상해를 입는 사람들이 있으며 이를 처리하는 데 많은 돈이 든다. 2002~2011년 사이에 미국의 교통회사들은 교통사고 사상자에게 41억 달러를 지출했다. 더 안전한 대중교통 버스는 더 큰 비용 절감을 의미한다.

모든 버스가 거대할 필요는 없다. 기술 기업들이 우버와 같은 주문형 기능을 구현하게 되면 대중교통회사들도 버스 정류장을 줄이고 도어 투 도어door-to-door 서비스 제공을 숙고해보아야 한다. 이를 위해 교통회사들은 더욱 다양하고 빠른 자동차들을 채택할 필요가 있다. 고정 경로를 달린다 하더라도 시간에 따라 그리고 운송 밀도에 따라 차량의 크기를 조정할 필요가 있다.

탑승객들은 처음에는 자율주행 버스에 대한 두려움을 가질 수도 있다. 하지만 많은 탑승객이 이미 운전자와 상호작용하지 않는 지하철이나 무인 모노레일 등에 익숙해져 있다. 익숙해지기만 한다면 이들과 무인버스는 크게 다른 점이 없을 것이다.

자동차는 소유가 아니라
서비스가 된다

자율주행차가 상용화되면 자동차는 소유에서 서비스로 인식이 바뀌게 된다. 미국 내 운송의 95%는 서비스가 되어 자동차 판매가 목적이었던 자동차 제조업이 소멸할 것이다. 그리고 '서비스로서의 운송Transport as a Service, TaaS'을 제공하는 기업이 소유하는 주문형 자율주행 전기자동차autonomous electric Vehicles, A-EVs가 운송을 담당하게 된다.

자율주행차는 운전자가 없어도 승객만 있으면 쉬지 않는다. 종일 주차하는 일 없이 사람들을 태우고 내려주면서 주행하기 때문에 미국의 자동차 수는 2020년 2억 4,700만 대에서 2030년에는 4,400만 대로 줄어들 것이다.

《에너지 혁명2030》의 저자 토니 세바는 우리가 역사상 가장 빠르고 중대한 운송산업의 변혁을 보고 있으며 이는 마술이 아니라 경제학이라고 말한다.

- 자동차 수가 줄어들기 때문에 주차장이 사라지면서 건물 지하나 옥상을 포함해 다른 용도로 사용할 수 있는 토지가 늘어난다.
- 2021년이 되면 TaaS는 신차를 구매하는 것보다 마일당 운송비가 4~10배 정도 저렴해지며 기존의 유료 차량을 이용하는 것보다 2~4배 더 저렴해진다.
- TaaS의 비용이 낮은 이유는 가동률이 10배가량 높다는 점, 전기자동차의 수명이 50만 마일을 초과한다는 점, 차량 유지비용과 에너지 가격, 금융과 보험 비용이 낮은 점 등을 들 수 있다.
- 평균적인 미국 가정에서 휘발유 자동차를 포기하고 TaaS 전기자동차를 이용하게 되면 연간 5,600달러를 절약할 수 있다. 이러한 비용 절감은 잠재 신차 구매자와 현재 자동차 소유자 모두 자동차 소유를 포기하고 TaaS로 이전할 수 있게 만든다.
- TaaS가 가져오는 자유는 운송산업의 붕괴를 가속화시키고 미국 가정이 비용을 절감하게 하며 경제를 활성화시킨다.
- 운송비 절감으로 인해 2030년이 되면 미국 전체 가구의 가처분 소득이 연간 1조 달러 증가한다. 미국의 가장 큰 경제 주도 세력인 소비자 지출이 늘면 기업과 일자리 성장으로 이어질 것이다. 그 결과 생산성 향상으로 1조 달러 규모의 추가적인 GDP 증가가 이루어진다.
- TaaS는 현행 민간·공공 운송 시스템이 배려하지 못하고 있는 장애인, 어린이, 노인, 가난한 사람들에게 보편적이고 저렴하게 목표 지점을 이어주는 교통수단을 제공할 것이다.

- 운송 부문의 대기 오염과 온실 가스를 현저하게 감소 또는 제거하고 공중 보건을 향상시킨다. TaaS 수송 시스템은 에너지 수요를 80%, 배기가스 배출을 90% 이상 줄인다. 태양 및 풍력에 의한 전기 인프라의 실용을 가정하면 2030년까지 탄소 배출 없는 도로 운송 시스템을 볼 수 있을 것이다.
- 신차 수요의 급감으로 승용차와 트럭의 제조 대수가 연간 70%씩 줄어든다. 그 결과 자동차 딜러, 유지보수 회사, 자동차 보험 회사 등으로 이어지는 자동차 산업 가치사슬이 전체적으로 붕괴된다. 자동차 제조업체들은 자율주행차 제조업이나 TaaS 제공업체로 전환한다.
- 세계 석유 수요가 2020년에 하루 1억 배럴로 최고치를 기록한 뒤 2030년에는 하루 7,000만 배럴로 하락하면서 석유 수출국의 위상이 하락한다.

이러한 전망은 다른 자동차산업 주체들의 전망과 매우 다르기 때문에 급진적으로 보이지만, 새로운 기술의 등장과 가격의 폭락을 가정하지 않고 있어서 실제로는 이보다 더 급진적인 자동차산업의 붕괴가 올 수도 있다.

많은 결정들은 경제적 이익_{투자수익, 생산성 향상, 시간 절약, 인프라 비용 감소 및 GDP 성장 등을 포함}뿐만 아니라 사회 및 환경적 고려 사항_{교통사고 사망자 및 부상자 감소, 이동성 증가 및 배출가스 감소 포함}에 따라 결정된다. 그러나 기존의 산업계가 TaaS가 불러오는 혁신을 늦추거나 멈추려는 시도 때문에 다른 결정들이 영향을 받을 수 있다. 승자가 모든 것을 가져가는 형태의 경쟁에서 TaaS 시스템으로 빨리 옮겨가는 기업들은 엄청난 이득을 얻을 것이다.

5년 안에 AI가
스마트폰 대신한다

에릭슨 소비자연구소Ericsson Consumer Lab가 9개국, 5,000명 이상의 스마트폰 사용자들을 대상으로 한 조사 '10가지 핫 소비자 트렌드 2016'에서 AI 인터페이스가 5년 안에 스마트폰을 대체할 것이라고 발표했다.

스마트폰 사용자들은 AI가 인터넷 검색, 여행안내, 개인 비서와 같은 많은 일상 활동을 곧 지배할 것이라고 믿고 있다. 조사 결과 44%는 AI 시스템이 교사와 같은 유익한 존재가 될 것이며 3분의 1은 AI 인터페이스가 친구가 되어줄 것이라고 응답했다. 조사 대상자의 3분의 1은 민감한 문제에 관해 사람보다 AI 인터페이스가 더 믿음직하다고 대답했으며, 29%는 자신의 건강 상태에 관해 AI 시스템과 이야기할 때 더 편안함을 느꼈다고 응답했다.

많은 응답자는 스마트폰이 다음과 같은 세 가지 제한이 있다고 대답했다. 첫째, 비실용적이다. 손바닥 안에 하나의 스크린을 갖는 것은 운전이나 요리처럼 언제나 실용적인 해결책은 아니다. 스마트폰 사용자의 3분의 1은 7~8인치 스크린을 원하는데 이는 배터리 소모와 무게 문제를 일으킨다. 배터리 용량이 제한되어 있기 때문이다.

둘째, 착용할 수 없다. 스마트폰 사용자의 85%는 5년 안에 AI를 갖춘 웨어러블 전자기기들이 일상화되고 스크린을 터치할 필요성이 줄어들 것으로 생각한다. 그리고 사용자의 절반은 집안의 기기들과 직접 이야기할 수 있을 것이라고 믿고 있다.

셋째, 실제에 더 가까운 가상현실과 3D를 원한다. 스마트폰 사용자들은 시청자 주위를 가상으로 둘러싸고 상영되는 영화, 게임, 스포츠 관람을 위한 가상현실 헤드셋을 원한다. 그리고 절반이 넘는 사용자들은 5년 안에 홀로그래픽 스크린이 대세가 될 것으로 생각하고 있다. 절반이 넘는 스마트폰 사용자들은 온라인에서 옷을 입어볼 수 있는 3D 아바타를 원하며, 64%는 온라인 쇼핑을 할 때 제품의 실제 사이즈와 형태를 볼 수 있으면 좋겠다고 생각한다. 사용자의 절반은 쇼핑절차를 건너뛰고 수저, 장난감, 가전제품의 부품 등 가정용품들을 직접 3D 프린팅하기를 원한다. 45%는 심지어 자신이 먹을 음식이나 영양소조차 프린트할 수 있기를 원한다.

2030년 태양광이
에너지 시장을 지배한다

태양광 발전의 생산가가 1W당 100달러일 때도 있었다. 현재는 효율성이 높아져서 1W당 60센트까지 떨어졌다. 태양광 발전의 가파른 가격 하락이 지속되어 태양광 시장은 2000~2014년에 132배나 증가했다.

그리드 패리티grid parity는 정부 보조금 없이 신재생 에너지가 현재의 에너지보다 저렴해지는 지점을 뜻한다. 태양광 그리드 패리티는 태양광으로 전기를 생산하는 단가와 화석연료를 사용하는 기존 화력발전 단가가 동일해지는 균형점이다. 2022년 미국 전체 지역의 10%가 이 그리드 패리티에 도달할 것으로 보인다.

2010년 이후 미국에 설치된 태양광 배터리 용량의 폭발적 성장이 있었다. 자동화와 효율성 개선으로 전 세계적 대량 생산이 진행되며, 중국의 경제 성장 또한 에너지 수요를 폭발적으로 증가시켰다. 그런 가운데 심각해지는 지구 온난화 역시 태양광 그리드 증설의 필요성을 키웠다.

가장 큰 추진제는 유가 상승으로, 대체 에너지 개발이 시급해지면서 캘리포니아나 하와이처럼 태양광을 효과적으로 채집할 수 있는 곳부터 태양광 발전이 시작될 것이다. 그리고 2030년이 되면 효율적이고 지능적으로 관리되는 태양광 에너지 스마트 그리드smart grid: 전력 공급자와 소비자가 양방향으로 실시간 정보를 교환함으로써 에너지 효율을 최적화하는 차세대 지능형 전력망가 전국에 걸쳐 설치되며, 이런 현상은 전 세계적으로 퍼질 것이다.

태양광 에너지는 자원이 아니라 기술이다. 기술은 기하급수적으로 발전한다. 태양광 에너지 장치는 2년마다 42%씩 증가하며, 전 세계의 에너지에서 태양광 발전이 차지하는 비율이 1%가 된 것을 기준으로 기하급수적으로 늘어나고 있다. 2014년에 세계 에너지의 1%가 태양광 발전이 되었으며, 이후 2년마다 2배로 증가하면, 이론상 14년 후인 2030년에 거의 모든 에너지는 태양광 발전이 된다.

태양광 발전이 다른 모든 에너지를 삼키고 독주하게 되는 이유는 가격이 가장 저렴해지기 때문이다. 다른 모든 에너지는 송전비용이 있다. 하지만 태양광은 지붕 위에서 집으로 끌어오므로 송전비용이 없다. 또 태양광 에너지 생산비용은 2020년이 되면 에너지 송전비용보다 낮아진다. 그러므로 다른 에너지 생산가가 0이어도 송전비용 때문에 태양광 발전보다는 비쌀 수밖에 없다.

한편 2040년에는 우주태양광 발전의 상업화가 이루어질 것으로 보인다. 1970년대에 그 개념이 처음 등장했으며, 나노기술의 발전 및 전송 효율의 향상에 현실화가 기대되는 우주태양광은 정지위성 궤도에 몇 개의 큰 위성을 배치해 우주태양광을 집적하는 기술이다.

우주태양광 에너지의 전송은 대기가스의 필터링 효과에 영향을 받지 않아서 지상의 태양광 대비 최대 144%를 집적할 수 있다. 또 지상의 태양광 패널이 하루 최대 12시간 에너지를 집광하지만 우주에서는 일반적으로 24시간 태양광을 받는다. 기상현상의 영향을 전혀 받지 않아 언제나 일정한 에너지를 공급할 수 있으며, 위성의 지리적 기저부하 또는 최대 부하 전력의 요구에 따라 서로 다른 위치에서 에너지 전원을 송수신할 수 있다. 또 온실가스 배출이 없기 때문에 기후변화의 대안이 된다.

이 프로젝트는 친환경적이며, 저렴한 가격에 무한한 전원을 공급해줄 것이다. 수명이 다한 태양광 패널은 우주 쓰레기로 버리지 않고 하이테크 방송국으로 재활용할 수 있으며, 애초에 스스로 재생되는 나노기술 기반의 복합체로 구성하면 수명을 무한대로 누릴 수 있다. 완벽한 우주태양광 발전을 소유한 기업은 21~22세기에 경제를 주도하는 대표 기업이 될 것이다.

태양광은 곧 다가올 미래의 거대한 시장이다. 이 시장에 뒤처지지 않기 위해서 우리도 노력해야 한다. 이를 위해 드림메이커센터와 세계기후변화상황실, 신성솔라에너지, K-밸리재단과 썬빌리지 등이 참여해 솔라 메이커스 칼리지Solar Makers College를 설립했다. 이곳은 태양광 에너지 활성화 운동을 벌이고 태양광 에너지의 저변 확대를 위한 다양한 활동을 벌이고자 하는 토니 세바Tony Seba의 활동에 협력하는 기관이다. 토니 세바는 벤처를 설립해 전 세계에 솔라 칼리지를 세울 계획이라고 밝혔다.

극심한 지구 온난화와 해수면 상승을 막기 위해서는 민간의 의식 변화가 중요한데, 교육을 통해 이를 실현하고자 한다. 즉 자기 집 지붕에 태양광 패널을 설치하고 ESS를 냉장고 옆에 두고 스스로 에너지 생산자를 만드는 것이다.

이곳에서는 학생은 물론 주부, 고령자 등 일반인에게 짧게는 이틀부터 3개월, 6개월간 다양한 태양광발전과 관련된 일자리 훈련을 시킬 계획이다. 창업 지원 및 무료 태양광 발전 강연도 제공한다.

주택 옥상에 간단히
설치하는 풍력터빈

네모아이Nemoi 풍력터빈을 처음 보는 이들은 그것이 바람을 에너지로 변환시키는 풍력터빈이라는 것을 미처 깨닫지 못할 수도 있다. 정원에 심긴 관목 크기에 흰색과 은색 금속 구조로 되어 있는 네모아이는 중앙축을 중심으로 회전하는 회전목마와 같은 세 개의 수직 블레이드를 가지고 있다. 일정하게 돌아가지만 조용하며 많은 에너지를 생성할 만큼 빨라 보이지도 않는다.

그러나 네모아이 터빈을 만든 셈티브 에너지Semtive Energy의 CEO인 이나시오 후아레즈Ignacio Juarez에 의하면 16~20km/h 정도의 풍속만 있으면 4인 가정에 충분한 전력을 공급한다. 또한 터빈 재질의 95%는 재활용이 가능한 알루미늄으로 만들어졌으며 한 사람이 신속하게 조립할 수 있다.

2016년에 발표한 국제에너지기구International Energy Agency, IEA의 재생에

너지 중기 예측에 의하면 2021년에는 전 세계 에너지의 60%가 재생에너지에서 얻어진다. 재생에너지가 널리 보급되기 위해서는 접근성이 좋아져야 한다. 재생에너지는 이웃의 옥상에서 흔히 볼 수 있는 태양광 패널에서 시작되었다. 바람도 태양 빛만큼 흔하다. 후아레즈는 '우리는 왜 모든 옥상에 풍력 터빈을 설치할 수 없을까' 생각했다. 이를 위해 기존 터빈이 가지고 있는 문제들을 해결하고자 했다. 기존 터빈은 빠른 풍속을 필요로 하며, 크고 무겁고 설치 및 유지가 어렵다는 것이 그의 설명이다.

예를 들어 제너럴일렉트릭General Electric, GE의 1.5MW 모델은 35m 길이의 블레이드를 가지고 있으며 블레이드의 회전 지름은 보잉 747의 날개 길이보다 더 넓다. 이런 물건을 도시나 마을 가운데 설치할 수는 없다. 그래서 풍력발전기는 아무도 살지 않는 넓은 들판에 있는 것이다. 거대 수평축 터빈은 매우 효율적이지만 이러한 터빈이 생산하는 에너지는 최종 소비자에게 '송전'되어야 한다.

후아레즈는 "발전소에서 사용자까지 송전, 저장, 변전하는 과정에서 에너지의 40%가 상실된다"고 말한다. 해결 방법은 에너지를 소비하는 장소에서 에너지를 생산하는 것이다. 이것이 네모아이 터빈이 하는 일이다. 설치하고 연결하기만 하면 네모아이 터빈은 즉시 전력망에 전력을 공급하며 전력망이 없어도 작동된다. 목표는 각각의 터빈이 소유자가 사용하는 것과 같거나 그 이상의 에너지를 생산하는 것이다.

그동안 우리가 보아왔던 풍력 터빈은 풍차와 같은 수평축 형태로,

블레이드는 지면과 수직으로 회전한다. 터빈은 갈수록 커지는 추세다. 커질수록 효율성이 높아지기 때문에 송전과 저장, 변전 과정에서 손실되는 에너지가 있음에도 불구하고 대형화된 터빈은 여전히 가치가 있다. 그러나 거대 터빈은 한계가 있으며 한계에 도달하게 되면 또 다른 해결방법이 필요하다. 크랜필드대학교 오프쇼어 재생에너지센터의 마우리치오 콜루Maurizio Coll 박사는 수직축 풍력터빈vertical axis wind turbines, VAWTs이 그 해답이라고 주장한다.

"수직 터빈은 항상 같은 방향의 일정한 중력을 받는다. 80m의 금속 블레이드를 한 방향으로 지탱해야 하는 스트레스가 없는 수직축 풍력터빈은 훨씬 더 커질 수 있다."

또한 수직축 풍력터빈은 수평축 터빈처럼 많은 공간을 차지하지 않기 때문에 풍력발전 농장에서 터빈들을 더 조밀하게 배치할 수 있고 따라서 주어진 공간 안에서 더 많은 전력을 더 저렴한 비용으로 생산할 수 있다.

현지화 전략에 따라 네모아이의 첫 번째 큰 고객은 부에노스아이레스 지방정부가 되었다. 부에노스아이레스시는 지하철역, 공원 등 시가지 곳곳에 태양광 발전과 풍력 발전을 이용한 충전 시설을 만들고 가로등에 태양광 패널과 풍력터빈을 설치했다. 이후 셈티브 에너지는 유통업체와 전력회사, 최종 소비자로 고객 영역을 확장해나갔다. 최종 소비자 고객들은 태양광을 대체하거나 보완하기 위해 풍력을 사용한다.

네모아이 터빈의 생산자 권장가격은 4,695달러다. 개인 주택소유자에게 적은 금액이 아니지만 친환경을 장려하기 위해 정부와 시에서 지급하는 보조금과 인센티브 프로그램이 확산되고 있다. 네모아이 소유자가 사는 지역이 바람이 많이 부는 곳이고 정부의 보조금을 받는다면 2년 안에 투자금액을 회수할 수 있다. 바람이 많이 불지 않고 보조금이 없는 지역이라 하더라도 7년 안에는 투자금액을 회수할 수 있다. 후아레즈는 네모아이 터빈과 같은 발전량을 생산할 태양광 패널 설치비용은 2만 달러로 추산했다.

셈티브 에너지는 4년의 노력을 통해 네모아이 터빈이 제대로 작동되도록 설계해내는 데 성공했지만 성장의 고통은 아직 끝나지 않았다. 정부 규제와 에너지 정책은 여전히 몇 가지 제한을 부과하고 있다. 예를 들어 아르헨티나에서는 최종 사용자가 전력망에 전기를 공급할 수 없게 되어 있다.

다행히도 각 국가의 정부는 재생에너지 개발의 필요성을 인식하고 정책의 변화를 시작하고 있다. 결국 값싸고 친환경적인 에너지원이 승리하게 된다.

전 세계에 기회와 위협을 동시에 제공할 IoT

10년 이후의 미래를 가장 크게 바꿔놓을 혁명 중 하나는 IoT다. 사물에 센서를 부착해 모든 사물이 인터넷 네트워크에 연결되어 소통하는 기술인 IoT가 완성되면 지구는 하나의 네트워크로 연결될 것이다. 이 주도권을 쥐기 위해 구글과 마이크로소프트Microsoft 등 대기업들이 너도나도 이 사업에 뛰어들고 있다.

지구에 센서로 연결된 피부를 입혀놓으면 전 세계의 모든 정보가 들어오게 된다. 이는 비즈니스는 물론 인류의 삶을 바꿔놓을 것이다. IoT에 앞장서서 뛰어든 기업 시스코Cisco의 보고서에 따르면 IoT는 공식적으로 2008년과 2009년 사이에 탄생했으며, 이를 기점으로 전 세계 인터넷 연결기기가 인구보다 더 많아졌다고 한다. 그리고 2010년에는 인터넷과 사람을 연결시키는 장비 수가 1.84배에 도달했다.

비참 연구소Beecham Research는 IoT 에코 시스템이 에너지, 건강, 과학, 교통, 소매, 교육 및 현재와는 다른 산업 분야의 모든 것을 아우르는 인터넷 생태계를 이루게 될 것이라고 예측했다. 한편 마키나 연구소Machina Research는 2020년에는 IoT 시장이 현재의 7배로 성장하는 등 새로운 시장 기회와 매출 증가로 이어지는 최대의 산업이 될 것이라고 예측했다.

그 시작으로 전 세계의 산업에서 자신들의 상품에 지능을 추가하려는 시도가 일어나고 있다. 자동차, 냉장고, 세탁기 등 값나가는 물건의 대부분이 그렇다. 하지만 진정한 연결의 혁명은 누구나 물건을 만들 수 있게 되고, 값비싼 기계만이 아니라 수십 원짜리 장비조차도 연결되는 데 있다. 다음과 같은 장비들이 IoT를 이룬다.

GPS 위치장치

스티커로 붙이는 간단한 GPS 추적기는 지갑, 핸드폰, 자동차 키 등 작고 쉽게 잃어버리는 것에 장착되어 분실을 줄여줄 것이다. 또한 도둑이나 소매치기 등의 범죄율도 급속히 낮춰줄 것이다.

비디오 네트워크

인터넷에 접속해서 볼 수 있는 저렴한 비디오카메라가 가정이나 사무실에 설치될 것이다. 이는 보안 시스템의 대용으로 급속히 퍼지며, 10억 개 이상의 비디오카메라가 수년 내에 연결될 것이다.

개인식품 네트워크

대부분의 사람은 자기 집에 있는 음식을 포함해 모든 식재료를 파악하지 못한다. 사놓고 잊어버리거나 유통기한을 넘기는 바람에 식품 낭비가 생긴다. 하지만 이제 식품산업에서 사용이 시작된 스마트태그로 인해 이런 낭비가 줄어들 것으로 보인다. 포장에 붙어 있는 스마트태그를 읽어서 그 물건의 신선도, 재고, 유통기한, 요리 가능한 음식 등을 알려주며, 이 정보를 모두 종합해서 다음 쇼핑 날짜와 구입할 식료품 목록까지 알려주게 되는 것이다.

기타 센서들

- 압력 센서: 우리의 육체와 닿아 압력을 재는 센서. 신발 운동용 헬멧, 베개, 의자, 매트리스의 압력을 측정해 건강을 유지해준다.
- 화학 센서: 집안이나 건물의 산소 수준을 알려주며, 카펫과 침대 등에 곰팡이가 피지 않았는지 등 위생적인 환경을 파악해준다.
- 열 센서: 창이나 벽은 물론 옷이나 이부자리 등의 천에도 들어가 체온을 맞춰주기도 하고 집 안의 온도를 알려준다.
- 수분 센서: 화분의 식물에 수분이 적절한지, 집의 습도가 제대로 유지되고 있는지, 아이의 기저귀를 갈아줘야 하는지 알려준다.
- 진동 센서: 비정상적인 방식으로 진동이 시작되는 모든 기계나 장비의 고장을 알려주는 신호를 보내주는 센서.

- 주파수 센서: 우리의 건강에 중요한 역할을 하는 주변의 소리와 잡음을 체크해주는 센서로, 하루 동안 주파수를 매핑하고 추적할 수 있다.
- 분광계: 토양에 어떤 종류의 화학비료가 들어 있는지, 화장품에 들어 있는 화학물질은 어떤 성분인지, 공기 중 일산화탄소의 비율은 어느 정도인지 알려준다.

크리스 피스터Chris Pister UC버클리의 연구원은 1990년대에 수많은 마이크로 센서를 지구에 뿌려 피부를 입히는 아이디어를 냈고 이를 '스마트더스트smart dust'라고 명명했다.

피스터에 의하면 스마트더스트 입자는 모든 것을 모니터링하는 데 사용할 수 있다. 전자신경망처럼 연결되어 사람, 도시, 자연환경에 대한 실시간 데이터를 감시한다. 스마트더스트는 화학물질이나 토양 온도, 수분 함량에 이르기까지 모든 것을 감지할 수 있다. 이로써 지금까지 가치를 따질 수 없었던 물, 미네랄, 바람까지도 팔 수 있게 해준다. 지금은 땅만을 팔았지만 미래에는 땅에 속해 있는 다양한 속성을 포함해 판매하게 되는 것이다. 예를 들어 사려는 땅이 농사를 지을 만한 수분이 충분한지 따져볼 수 있으며, 작물이 잘 자라겠는지 영양소도 분석할 수 있고, 바람이 너무 세서 작물이 쓰러지지 않을지 등 세세한 정보를 파악할 수 있게 된다.

땅이나 식물에서 수집할 수 있는 이런 데이터는 우리로 하여금 주변세계의 특이성을 이해하고 재난재해를 미리 알고 예방할 수도 있게 해준다.

하지만 IoT의 편리함을 받아들이기 전에 한 가지 해결해야 하는 중요한 과제가 있다. 바로 안보나 사생활 보호 등의 문제다. 이로 인해 IoT는 더 발달하기 전에 심각한 저항에 직면할 것이며, 시민들의 공공정책 결정에도 큰 영향을 미칠 것이다.

자율주행차 시대
비즈니스는 모바일화된다

전통적인 소매 산업이 가진 어려움 가운데 하나는 고객을 점포 안으로 끌어들여야 한다는 점이다. 그러나 시장에 고도로 발전된 모바일 기술이 적용된다면 기업들이 고객이 있는 곳으로 이동할 수 있다.

소매업은 거대한 변화를 겪고 있다. 미국에서만 올해 수천 개의 점포가 문을 닫게 된다는 보고서도 있지만 실제 수치는 그보다 더 많을 것이다. 노련한 기업가들은 새로이 대두되는 기회를 잡기 위해 소매 산업의 가장자리를 살피고 있다.

오늘의 상점은 지난해와 다를 바 없다. 부유한 지주가 상업용 건물을 소유하고 있다. 간판과 구역설정, 여러 가지 제한으로 인해 상업용 건물의 건설 준비에만 몇 년이 소요되며 건물을 수리하거나 변경하는 데도 비슷한 시간이 소요된다. 이 때문에 건물주들은 특별한 지위를 누리고 있다. 상업용 부동산이 상대적으로 희소하고 좋은

153

교통 입지를 가진 빌딩은 더욱 희소하다. 대부분의 건물들은 〈포춘 Fortune〉 500대 기업 소매기업과 15~20년짜리 임대계약을 원한다.

상업용 부동산 시스템은 국가적 브랜드를 가진 회사와 글로벌 공급업체에 의해 관장되는 고도로 복잡한 산업이 되었다. 그 결과 중소상인들은 발도 붙이지 못하게 되었다.

한편으로 사람들은 새로운 장소, 다른 장소에서 구입하는 것을 좋아한다. 놀라운 경험을 좋아하며 이러한 놀라움에 돈을 기꺼이 지급한다. 그래서 모바일 푸드 트럭 산업은 대규모 산업이 되고 있는 것이다.

전통적인 쇼핑센터들은 정체되기 시작했다. 물론 상품에 따라 디스플레이가 변화되며 점포는 주기적으로 다른 점포로 대체된다. 그러나 삶이 변하는 속도는 백화점 진열대의 변화속도보다 훨씬 더 빠르다.

상점들이 고객이 들러보고 구입하도록 창고의 제품들을 단순히 놓아두던 시대는 지나갔다. 소매업체들은 고객들이 흥미와 특권의식을 누릴 수 있도록 서비스를 제공하고 친구에게 자랑스럽게 말할 수 있는 놀라운 경험을 제공해야 한다. 그 해결의 실마리가 모바일 비즈니스다.

모바일 쇼핑몰

모바일 쇼핑몰의 아이디어는 농촌사회에서 시작되었다. 대부분의 작은 마을과 소규모 고객은 온종일 영업하거나 영구적인 상점이 들어서기에는 너무 작았다. 그래서 대여섯 개 마을에 일주일에 한 번 열리는 상점이 좋은 대안이 된다. 마치 우리나라의 오일장과 비슷하다.

새로운 쇼핑센터의 형태는 마을 중심에 고정된 영역을 둔 모바일 몰로, 다양한 상점들이 플러그인해서 상점을 개설할 수 있는 중앙 장소가 된다. 각종 차량을 가지고 이동식 치과 진료소, 세무사 사무실, 소매상점을 운영할 수 있다. 이동식 점포는 대개 한두 사람이 운영하는 점포로, 매일 다른 도시로 유목민처럼 여행한다. 정기적인 루트를 가지고 매주 같은 날 같은 장소에 나타나 고객 기반을 구축하는 사람들도 있다.

모바일 의류 점포

고객이 정확한 신체 측정을 한 후 패션과 스타일, 패턴, 색상을 고르고 나서 옷이 만들어지는 것을 기다린다. 3D 프린터로 옷을 프린트할 수 있지만 마무리 작업을 위해서는 부가적인 도구들이 있어야 한다. 의류 제조 공정을 위해서는 다음과 같은 기기들이 필요하다.

바디스캐너 / 3D 프린터 / 레이저 절단기 / 직물 세공기 / 로봇 인쇄기 / 센서 장착 테스트 시스템 / 섬유 코팅기 / 자동 단추 장착 기계

155

모바일 세탁소

이동 세탁소는 여행자를 위한 세탁 서비스 또는 새로운 세탁 상품을 시연하는 홍보 도구로 사용될 수 있다.

모바일 신발 가게

모바일 의류 점포와 마찬가지로 미래의 신발매장은 고객의 발 스캔과 압력 포인트 분석부터 시작한다. 각자의 걷기 뛰기 자세가 서로 다르므로 고도로 개인화된 신발 제작 과정은 복잡하다.

생체 역학 시뮬레이터 / 열, 습기, 스트레스 센서 장착기 / 자동 환기 시스템 / 스티치, 코팅, 접착기 / 발, 발목 스캐너 / 러닝머신 테스터 / 스트레스 포인트 분석기 / 3D 프린터

모바일 자전거 숍

자전거는 전 세계적으로 인기가 있으며 모바일 점포 운영은 많은 수익원을 창출할 수 있다.

신제품, 중고 자전거 판매 / 자전거용 부품과 액세서리 판매 / 펑크 수선 서비스 / 자전거 튜닝과 수리 서비스 / 맞춤식 자전거 투어 / 자전거 레이스와 대회 / 자

전거와 스쿠터 대여 / 자전거 트레이너, 치료와 지도

모바일 양조장/바

언제 어디서나 양조장을 소환할 수 있으면 지역의 주류상점에 갈 필요가 없다. 지역의 술집은 이웃의 정을 나누기 위한 장소다.

모바일 양조장 / 모바일 와이너리 / 모바일 증류소 / 자발적인 거리 파티 / 새로운 제품을 홍보하는 테스터 / 진정한 트럭 뒷문 파티 / 어디서나 파티를 열 수 있는 바를 갖춘 자동차

모바일 자동판매기 상점

군중이 있는 곳마다 원하는 것과 필요한 것들이 있다. 모바일 자동판매기 상점은 이러한 수요에 대처할 수 있다.

모바일 하비 숍

DIY를 즐기는 모든 사람은 좋은 하비 숍은 즐거운 경험을 할 수 있는 곳으로 알고 있다. 즐거운 경험은 키트, 조립, 재료, 상상력을 중심으로 이루어진다.

모바일 카페

마실 것은 소비하기 쉽고 다른 상품에 비해 소비자의 방문 빈도가 높다.

생수 / 에너지 드링크, 건강 음료, 기분을 좋아지게 하는 음료 / 커피, 라떼, 에스프레소 / 차, 토닉, 페코 차 / 주스, 과일즙 / 스무디, 쿨러^{포도주를 넣고 얼음을 띄운 음료} / 몰트와 소다수

모바일 건설 서비스

우리가 소유하고 있는 것들은 언젠가 고치거나 수리, 개선이 필요한 것이 많다. 이러한 분야에 대한 모바일 비즈니스는 조만간 일반적인 것이 된다.

IoT와 홈 디바이스 설치 / 필터 청소와 교체 / 머드재킹^{콘크리트 포장면 수리 기술} / 실링과 방수공사 / 흰개미 서식 검사와 수리 / 배수관 설치 / 창문 설치와 수리 / 모바일 카펫, 타일, 마루 상점

모바일 식료품점 과일상점

작은 편의점이나 과일상점은 어디에나 나타난다. 여기에 더해 틈

새 제품과 특별한 식품을 판매하는 상점도 등장한다.

모바일 뉴스 방송국

미래의 뉴스 서비스는 스토리에 새로운 차원성을 추가하기 위한 방대한 도구와 새로운 기술이 더해진다.

공중 전자 감시 장치 드론 / 원격 인터뷰 드론질문하는 사람을 보여주는 스크린을 갖추고 있다 / 360° 가상현실 카메라 드론 / 3D 차트 생성 도구 / 물리적 세계를 위한 검색 엔진 / 전반적인 감각을 기록하기 위한 도구시각, 소리, 냄새, 무드, 질감, 날씨 상황, 동물 및 곤충의 존재, 환경 조건 등 / 풀 스펙트럼 분석 도구

모바일 호텔

마을에 큰 행사가 열릴 때마다 호텔 객실을 쉽게 소환해 더 많은 사람을 수용할 수 있다. 미국 연방재난관리청은 재난 발생 시에 즉시 주택을 제공할 수 있는 자율주행 주택에 관심이 높다.

모바일 드론 커맨드 센터

복잡한 작업을 관리하는 사람들은 하나의 드론보다 수십 개의 드론이 더 효율적이라는 것을 알고 있다. 상업용 드론 선단을 운용하

는 것은 취미로 한 대의 쿼드콥터를 움직이는 것과는 매우 다르다. 드론 선단은 하나의 자동화된 시스템에 의해 움직이게 된다.

선단을 운영하는 사람은 파일럿, 물류 분석가, 데이터 분석가 등 많은 숙련된 인력이 있는 지휘 센터가 필요하다는 것을 알게 된다. 하지만 드론 조종 자체는 거의 감독이 필요 없는 수준으로 자동화된다.

앞으로 10년 이내에 아래의 기관들은 드론 선단을 운용하게 된다.

경찰서 / 소방서 / 방송국 / 스포츠팀 / 스타디움 / 산림청 / 국립공원 / 발전소 / 스키 리조트 / 대학 캠퍼스 / 공항 / 대형 농장 / 건설회사 / 부두 / 테마파크 / 교도소 / 군사시설

모바일 전문서비스 업체

정기적으로 사용하는 서비스와 관련해 지역사회를 정기적으로 방문하는 모바일 버전이 발생한다.

이발소와 미용실 / 회계사 사무실 / 치과 / 마사지사와 침술사 / 변호사 / 부동산 중개인 / 보험대리인

모바일 동물병원/반려동물 가게

많은 사람에게 반려동물은 가족이 되었고 반려동물 서비스를 제

공하는 가게는 현대생활에서 일상적인 것이 되었다.

동물병원 서비스 / 반려동물을 맡기는 곳 / 개, 고양이 미용 / 목욕, 스타일링 서비스 / 중성화 서비스 / 반려동물 사진 / 훈련 서비스 / 동물 심리학자

모바일 엔터테인먼트 1

엔터테인먼트는 다양한 형태로 다가오게 되며 모바일 경험은 더욱 다양한 경험을 할 수 있게 해준다.

라이브 밴드 / 코미디언 / 마술사 / 스피드 데이트독신 남녀들이 여러 사람들을 돌아가며 잠깐씩 만나는 미팅 / 대면 비디오게임 토너먼트 / 소셜 클럽 / 게임 판매소

모바일 엔터테인먼트 2

국내 및 국제 행사는 우리 사회 구조의 핵심적 부분이다. 하나의 거대한 스크린은 비슷한 생각을 가진 사람들을 끌어들이고 지역사회의 큰 이벤트가 된다.

월요일 밤의 축구 경기 / 아카데미 시상식 / 가상현실 / 증강현실 체험 / 올림픽 / 월드컵 / 유명 TV 쇼와 드라마 등 / 의회 청문회 / 선거 방송

특수 제품 가게

사람들에게 별난 수준의 충성도를 나타나게 하는 특정한 제품이
있다.

겨자 / 향료 / 핫 소스 / 캔디 / 쿠키 / 육포 / 차 / 메이크업

전문가와 대화할 수 있는 가게

사람들은 제품이 가지고 있는 불확실성에 대해 답변을 얻기 위해
전문가와 이야기하는 것을 좋아한다. 애플스토어는 전문가 상점의
전형적인 예다. 애플에서 전문가와 소비자의 관계는 구매자를 끌어
들이고 참여시키는 핵심 요소다. 소매업은 양방향 커뮤니케이션이 중
요하다.

재고가 없는 데모 상점

전통적인 소매상점의 중요한 비용 중 하나는 전시공간과 재고다.
이 때문에 재고가 없이 당일 주문의 처리와 제품의 데모에만 중점을
둔 새로운 유형의 상점이 나타난다.

전문가들이 즉석에서 대답할 수 있는 유료 제품 전시 스테이션이
나타난다. 애플과 아마존, 구글, 마이크로소프트와 같은 기술기업들

은 이러한 유형의 점포를 개설할 가능성을 찾고 있다.

온라인 소매점이 점차 더 많은 부분을 차지하고 있지만 사람과 사람 간의 상호작용은 여전히 중요하다. 하지만 그 중요성은 갈수록 줄어들고 있으며 가격 경쟁은 사람과 사람과의 상호작용 옵션을 사치스러운 것으로 만든다.

소매업의 경우 소비자가 통제력을 가지고 있다. 소비자가 무엇을 언제, 어디서, 얼마나 살지 결정한다.

모든 것이 인터넷에 연결된 세상에서 정보는 유동적이고 투명해야 한다. 소매업자들은 글로벌 대화에 적극적으로 참여해야 한다. 그렇지 않으면 소비자들이 업체를 제외하고 대화를 시작하게 된다.

무인 시대에는 근접성, 장소, 위치에 대한 생각도 변화된다. 벽돌 건물로 이루어진 소매업은 생존할 수 있을까? 어떤 형태로든 생존하겠지만 상상할 수 있는 것보다 훨씬 다른 이유로 인해 끝이 날 수도 있다.

강철 200배 강도의
그래핀 주택

2010년 맨체스터대학교 그래핀 팀이 노벨물리학상을 수상하면서 SF소설 같은 그래핀 신소재 100년 연구가 빛을 보게 되었다. 우주에서 네 번째로 풍부한 원소인 탄소를 소재로 개발된 그래핀은 석기, 청동기, 철기를 이어 다음 시대로 이동의 상징이 되고 있다.

구리보다 100배 이상 전기가 잘 통하고, 반도체로 주로 쓰이는 단결정 실리콘보다 100배 이상 빠르게 전자를 이동시킬 수 있다. 최고의 열전도성을 자랑하는 다이아몬드보다 2배 이상 열전도성이 높고 탄성이 뛰어나 늘리거나 구부려도 전기적 성질을 잃지 않는다. 그래핀을 만든 영국의 과학자 콘스탄틴 노보셀로프Konstantin Novoselov가 2010년 노벨 물리학상을 수상하면서 세간의 주목을 받기 시작했다. 탄소 원자로 이루어진 그래핀은 원자 한 개의 두께로 이루어진 얇은 막으로, 흑연에서 가장 얇게 한 겹 떼어낸 것이라고 보면 된다. 2차원 평면 형태를 하고 있으며 두께는 0.2나노미터로 엄청나게 얇고 물리적·화학적 안정성도 높다.

인장강도에 이어 최근에는 그래핀의 충격 흡수능력이 주목받고 있다. 라이스대학교 재료공학과의 에드윈 토머스Edwin Thomas는 그래핀이 강하고 신축성이 있기 때문에 충격을 흡수한다고 밝혔다. 실험실에서 다양한 두께의 그패핀 시트에 AK-47 소총을 발사하는 실험을 했다. 고속카메라로 촬영한 영상을 해석하면서 연구진은 그래핀이 기존의 다른 재료보다 빨리 에너지를 흡수, 분산시키는 것을 발견했다. 그래핀은 현존하는 가장 가벼운 재료 중 하나로, 무게 단위로 비교해보면 강철의 평균 10배 이상의 타격을 흡수하는 것으로 밝혀졌다. 이런 특성을 살리면, 군사용, 경찰용 방탄복은 물론 우주복, 우주선 표면 등에도 그래핀을 활용할 수 있을 것이다.

아직은 기술이 충분히 발달하지 못해서 그래핀을 생산하는 데 상당한 비용이 들기 때문에 상업용으로 양산하지 못하고 있다. 하지만 그래핀 제조산업 세계의 거의 모든 선진국이 뛰어들고 있다. 영국은 그래핀 상용화를 위해 600억 원에 달하는 프로젝트를 승인한 바 있으며, 일본은 2010년에 이미 140억 원의 개발비를 투자했고, 그 밖에 EU, 미국, 싱가포르, 중국 등에서 그래핀을 경제적으로 대량생산하는 방법을 개발하기 위한 투자가 이어지고 있다.

그래핀은 컴퓨터 칩, 배터리, 터치 디스플레이를 비롯해 투명망토, 담수화 필터 같은 산업에 대부분 사용되겠지만, 철기 시대를 넘어간다는 점에서는 2020년 이후 제철을 교체하는 신소재가 될 것이라는 전망이다. '꿈의 나노물질'이라 불리는 그래핀은 강철보다 튼튼한 특징을 살려 건축물에도 사용될 것이다. 더 튼튼한 건물, 및 스마트하우스의 소재로 그래핀이 주목을 받으며 주거 문화 역시 변화될 것이다.

필수 가전제품 3D 프린터, 꿈의 4D 프린터

3D 프린터는 미래의 의식주와 관련해 가정에서 가장 보편적으로 사용될 기술 가운데 하나다. 나사처럼 단순한 부품을 프린트하면서 시작된 3D 프린터는 지금은 신발, 옷, 음식, 집까지 일상생활을 하는 데 필요한 거의 모든 것을 프린트할 수 있게 되었다.

전문화된 3D 프린터는 건축이나 의학 분야 등 더 많은 분야에서 활약하겠지만, 미래에 가정에서는 보급형 3D 프린터가 필수적 가전 제품으로 자리하게 될 것이다. 3D 프린터의 가격이 하락해서 일반 가전제품과 크게 차이가 없어지는 것이 가장 큰 이유다. 가정용 3D 프린터는 무료로 혹은 저작권료를 지급한 설계도를 인터넷에서 다운 받는 것만으로 옷과 신발을 비롯해 가방, 보석, 각종 장식품, 장난감, 주방용품 등을 프린트하게 될 것이다.

가격 하락 이외에 홈 3D 프린터가 빠르게 정착하는 또 하나의 이유는 미국과 기타 여러 선진국에서 제조업이 사양길로 접어들고 있기 때문이다. 즉 제조업에 종사하는 사람들이 많지 않아 기존 산업에서 새로운 산업으로 넘어갈 때 저항 역시 그만큼 적다. 오히려 제조업이 사라진 선진국에서는 3D 프린터를 환영한다. 새로운 물건을 사려고 기다리거나 쇼핑하러 갈 필요가 없어지기 때문이다.

2025년 이후에 나노공학이 완전한 궤도에 오르면 나노제작자nanofabricators가 등장한다. 이 기술은 더 섬세하고 복잡한 기능을 갖춘 물건을 프린트할 수 있게 해줄 것이다.

최근에는 3D 프린팅을 한 단계 뛰어넘은 4D 프린팅 기술의 개념이 등장했다. 이는 시간이 지남에 따라 형태를 바꿀 수 있는 창조적 개체다. 4D 프린팅 개념을 처음 고안한 MIT의 스카일러 티비츠Skylar Tibbits 교수는 다층재료를 사용하도록 설계된 프린터에서 스마트 소재로 만들어지는 제작물은 '자가 조립 및 재조립selfassembly & reassembly'이 가능한 물체라고 설명한다.

스마트 소재는 특정 환경에 반응해서 형태를 스스로 변형시킨다. 예를 들어 원료가 물에 닿으면 초기 입력값의 내용대로 변형되어 스스로 움직여 목적에 맞는 형태로 완성되는 기술이 있다.

이 기술이 더 발달하면 물뿐만 아니라, 다양한 물질에 반응할 수 있게 되거나 원격제어에 의해서만 반응하게 함으로써 더 편리하게 사용할 수 있을 것이다. 예를 들어 각 부분을 프린트해서 달기지로 보낸 뒤, 이후 지구 관제센터에서 원격으로 해당 부분을 작동시켜 건물도 짓고 물건도 만들 수 있다.

2040년, 클레이트로닉스 소비재 혁명

물질을 자유자재로 구성하는 나노기술인 클레이트로닉스가 개발되면 3D 프린터에 이어 소비재 제품에 다시 한번 돌풍을 일으킬 것이다. 클레이트로닉스는 '진흙clay'과 '전자제품electronics'의 합성어로 진흙처럼 마음대로 모양을 만들 수 있는 전자제품을 말한다. 클레이트로닉스의 핵심 기술인 나노봇 '캐톰catoms'은 정전하와 전기자기장의 힘을 이용해 스스로 움직이고 물질을 재구성해 그 형태뿐만 아니라 기능마저 근본적으로 변경할 수 있다. 예를 들어 전 세계 어디서든 전송된 3차원적 인간의 이미지대로 조립되어 그 사람이 실제 그 자리에 있는 것처럼 만들어준다. 의사는 심지어 클레이트로닉스로 모사된 로봇 환자의 손목을 잡고 맥박을 집으며 진찰할 수도 있다.

클레이트로닉스를 처음 고안한 사람은 인텔 피츠버그 연구소의 소장 토드 모리Todd Mowry 박사와 카네기멜런대학교의 세스 골드스타인

Seth Goldstein 교수다. 그들은 이 물질을 휴대할 수 있는 작은 덩어리 형태로 갖고 다니다가 수백만 가지 다른 물건으로 변형시킬 수 있다고 설명했다. 한편 인텔의 로봇공학 전문가 제이슨 캠벨Jason Campbell은 2010년, 클레이트로닉스가 20년 안에 보편화될 것이라고 예측하기도 했다.

클레이트로닉스가 보편화되면 집 안의 가구를 여러 가지 살 필요 없이 그때그때 필요한 가구로 바꿀 수 있게 된다. 대형 테이블이 필요에 따라 침대, 소파로 모양을 바꿀 수 있다. 의자는 개인에 맞게 즉시 성형되고, 벽, 카펫, 천장, 문 및 기타 표면이 필요에 따라 개인이 원하는 색상이나 질감으로 수정될 수 있다. 또 환경에 적응해 사막에서 먼지와 더위, 정글의 습도에 저항력을 가진 성질로 변한다.

차량의 재료로도 쓰여 프로그램을 수정하는 것만으로 자동차의 색상을 변경할 수도 있고 디자인도 어느 정도 변형이 가능해진다. 또 제품이 갈라지거나 색이 바래는 등 고장 나면 이를 자동으로 수정한다.

클레이트로닉스는 놀랍도록 사실적인 형태로 변형이 가능해서 이 기술이 완벽하게 구현되는 미래에는 인간에 가까운 것도 만들어낼 수 있을 것으로 기대되고 있다.

세상을 바꿀지도 모를 기업들

세계가 안고 있는 가장 큰 문제인 기아, 교육, 주택 등의 문제를 해결하고자 하는 수백 개의 스타트업이 실리콘밸리에 있다.

'더 나은 세상'을 만들겠다는 이들의 집착이 때로는 오해를 불러일으키기도 하지만, 해결방법을 찾기 위해 최선을 다하겠다는 목표만은 분명하다. 이런 미래학자와 같은 정신은 종종 장기적인 미래 예측적 결과를 실현하는 데 집중하는 기업들에서 관찰할 수 있다. 이러한 기업들이 앞으로 발전할지, 불안정해질지, 아니면 붕괴될지에 관해서는 의견이 일치하지 않지만 여기 소개하는 14개의 미래를 내다보는 기업들은 세상을 변화시키고 미래를 바꾸어나가기 위해 노력하고 있다.

1. 안델라 Andela, 사업 중점 지역 : 아프리카

안델라는 아프리카 케냐와 나이지리아에서 청년들에게 코딩을 가르치고 구글 등 다국적 기업의 일자리를 알선하고 있다. 교육의 기회가 취약한 아프리카에서 학생 부채를 피할 수 있는 프로그램을 제공하며, 졸업생이 ICT기업에서 일할 수 있도록 연결해주고 있다.

2. 오큘러스 VR Oculus VR, 캘리포니아주 멘로파크

오큘러스는 사람들이 세상을 경험하는 방식을 바꾸어주는 제품 목록에서 높은 자리를 차지하고 있다. 몰입형 3D 경험은 게임과 교육, 엔터테인먼트 등 수많은 소비자 활동에 영향을 미친다. 3D 헤드셋은 초기에는 게임과 산업용 애플리케이션과 결합되어 있으며 인기가 높아지면 다양한 다른 애플리케이션으로 옮겨갈 것이다.

3. 매직리프 Magic Leap, 플로리다주 데니아 비치

매직리프도 오큘러스와 마찬가지로 게임, 학습, 창의력, 엔터테인먼트 수요를 충족시키기 위한 헤드마운티드 디스플레이를 개발하고 있다. 매직리프는 가상의 객체를 현실 세계의 물체처럼 구현하는 '포토닉스 라이트필드photonics lightfield' 기술을 핵심으로 증강현실 단말기와 다양한 분야의 서비스에 활용될 가능성을 제시하고 있다.

172

4. 엑시트라운드 Exit Round, 캘리포니아주 샌프란시스코

엑시트라운드는 스타트업 창업자를 위한 온라인 마켓플레이스다. 회사 매각을 원하는 창업자와 매수자를 연결한다. 회사가 가진 기술과 인력, 서비스 경쟁력을 등록하면 엑시트라운드가 관심 있는 기업을 서로 연결하고 기술과 회사에 대한 매각 협상이 시작된다. 엑시트라운드의 목적은 스타트업 연착륙이다.

5. 프로테우스 디지털 헬스 Proteus Digital Health, 캘리포니아주 레드우드 시티

알약에 넣어 먹을 수 있는 센서를 개발해 의료진이 실시간으로 환자를 모니터링하도록 한다. 미국과 유럽에서 시험되고 있는 스마트 알약 칩은 스마트폰으로 전파를 보내고 데이터를 클라우드로 전송한다. 환자의 몸속에서 정보를 전달한 센서는 자연스럽게 소화된다.

6. 코인베이스 Coinbase, 캘리포니아주 샌프란시스코

비트코인 지갑이 포스트 뱅킹을 위한 액세서리가 될 것인가? 코인베이스는 입출금이 가능한 비트코인 계좌로 안전한 금융거래와 디지털 통화의 저장 기능을 제공한다.

7. 캘리코Calico, 캘리포니아주 샌프란시스코

캘리코는 구글 알파벳의 자회사이며 최고 권위의 유전학자, 분자 생물학자, 의사들이 모여 미국의 거대 제약회사 애브비Abbvie와 연구 개발 파트너십을 체결하고 장수에 대한 연구를 진행하고 있다. 캘리코의 생명 연장 어젠다에는 암과 신경퇴행 치료제도 포함되어 있다.

8. PK 클린PK Clean, 유타주, 솔트레이크 시티

PK 클린은 플라스틱을 연료로 바꾸는 사업을 시작으로 매립지를 없애려는 비전을 가지고 있다. PK 클린의 목표는 전체 지구를 네트 제로소비 에너지와 신재생에너지 발전량의 합이 0이 되는 것을 의미로 만드는 것이다. 이 회사는 플라스틱을 귀중한 에너지원으로 활용해 생분해가 되지 않는 폐기물을 처리하는 것에 중점을 두고 있다. 현재 콜로라도주의 플라스틱 폐기물을 수집하고 재활용하기 위해 대형 재생업체인 로키마운틴 리사이클링과 협력하고 있다.

9. 아르테미스 네트웍스Artemis Networks, 캘리포니아주 샌프란시스코

아르테미스는 4세대 이동통신보다 빠른 독자 'p셀p-cell' 4G 상용화를 선언하고 있다. 시장에 안착한다면 5G를 제치고 이론상으로 정지시 1Gbps, 이동 시 100Mbps로 정의되는 4G 속도보다 1,000배 빠른 이동통신 기술이 등장할 전망이다.

10. 앰브리 Ambri, 매사추세츠주, 케임브리지

미국 MIT에서 분사한 기업인 앰브리Ambri는 전력 계통에 사용하기 위한 액체 금속 배터리 기술liquid metal battery technology의 상업화를 목표로 사업을 추진하고 있다. 각각의 셀은 밀도 차이와 액체가 혼합되지 않는 성질에 기초해 두 개의 금속과 한 개의 염salt으로 이루어진 세 개의 자체 분리 액체층으로 구성된다. 이 시스템은 충·방전이 이뤄지는 동안 자체 가열로 높은 온도를 유지하며 작동한다. 풍부하고 비용 효과적인 소재를 사용하는 앰브리 배터리는 수명이 매우 오래 가는데 10년의 사용 후에도 거의 100%의 용량을 갖는다. 배터리 소모와 교체를 줄이는 것은 모바일 사회의 중요한 지표다.

11. 팩추얼 Factual, 캘리포니아주 로스앤젤레스

팩추얼은 전 세계의 모든 정보를 알고자 한다. 정보의 바닷속에서 정확한 정보를 가져오는 것이 핵심 서비스다. 올바른 정보가 아니라면 수많은 정보가 무슨 필요가 있겠는가? 팩추얼은 이런 정보를 주로 기업에 제공해서 돈을 버는 사업모형을 갖고 있는데, 중소기업에는 차등요금을 적용해 진입장벽을 낮추고 있다.

12. 유바이옴 uBiome, 캘리포니아주 샌프란시스코

스타트업인 유바이옴uBiome은 세계 최초의 장내 미생물 시퀀싱 검사인 스마트것SmartGut을 출시했다. 고객이 식성, 체중, 질병 유무, 수면 정도 등 건강 상태에 대한 다양한 질문에 답변하고 나서 89달러짜리 키트에 대변을 담아 보내면 자신의 장내 미생물에 대한 정보를 받아볼 수 있다. 회사 측은 이러한 데이터를 건강 상태와 미생물군집과의 상관관계를 분석하는 데 이용할 예정이다. 향후 연구 결과를 토대로 건강에 관한 조언을 해주고 유익균을 이용한 프로바이오틱스 제품 등을 개발할 계획이다.

13. 오픈 위스퍼 시스템즈 사업 중점 지역 : 가상공간

오픈 위스퍼 시스템즈는 회사가 아닌 해커집단이다. 강력한 암호화 기술을 적용한 모바일 메신저 앱 '시그널Signal'의 데스크톱용 오픈 베타버전을 구글 크롬 웹스토어를 통해 배포했다. 시그널은 중간에 다른 사람들이 메시지를 훔쳐보지 못하도록 '종단 간 암호화end to end encryption, E2E'라고 불리는 기술을 적용했다. 메시지를 주고받는 당사자들 외에는 내용을 확인할 수 없도록 만든 것이다. 최근 10억 명의 사용자들이 있는 모바일 메신저 왓츠앱도 오픈 위스퍼 시스템즈와 협력해 시그널에 사용된 E2E 프로토콜을 적용하고 있다. 이처럼 사생활이나 내부 고발자들을 보호하기 위해 모바일 메신저에 강력한 암호화 기술을 탑재하려는 시도들이 늘어나고 있다.

14. 밸러 워터 애널리틱스Valor Water Analytics, 캘리포니아주 샌프란시스코

밸러 워터 애널리틱스는 천연자원의 보존과 효율성을 개선하는 데 도움을 준다. 폐기물을 제거하고 사용 패턴을 확인하며 지역사회와 소비자가 서로 윈윈win-win할 수 있는 물 보존을 위한 포괄적인 접근 방법을 제공한다.

여기에 언급한 조직과 기업들에서 주목할 점은 캘리코의 '죽음을 막고자 하는 도전', PK 클린의 '폐기장을 없앤다' 등 강력한 미래 비전을 가지고 있다는 점이다. 이와 같은 미래 지향적 경향성이 전략적 우위를 부여한다. 죽음이 없는 사회, 쓰레기가 없는 세상과 같은 명확한 미래 이미지를 가진 조직은 세상을 바꾸어나갈 수 있다.

연결되는 세상,
사생활 보호의 기술

기술의 발전은 사생활privacy에 대한 개념을 근본적으로 변화시키고 있다. 디지털 세상이 보편화되고 모든 사람이 디지털 생활 속에 편입되면서 정보를 공유하고 신원을 표시하는 방법이 바뀌게 되었다.

〈가디언Guardian〉지는 '우리는 이제 세상의 모든 정보에 접근할 수 있는 장치들을 항상 가지고 다닐 수 있게 되었고, 이러한 기기들은 우리에 대한 정보 역시 세상에 제공한다'고 말했다. 사람들은 인터넷을 이용하면서 디지털 발자국을 남기고 있다. 이러한 정보들은 대체로 무해하지만 때로는 정부나 기업, 마케터, 범죄자 등 다양한 이해관계자에게 가치가 있다.

사생활에 대한 윤리적 논쟁은 매우 복잡하다. 사생활에 대한 정의와 표준은 시간이 지남에 따라 진화해왔으며 앞으로도 계속 바뀌어 나갈 것이기 때문이다.

새로운 기술이 사생활에 미치는 영향

가상현실, IoT, 뇌−기계 인터페이스 brain-machine interface, BMI: 인간의 뇌를 기계와 연결해 뇌신경 신호를 실시간 해석해서 활용하거나, 컴퓨터 등 외부 기기에 연결하고 제어해 이들에게 사용자의 의사나 의도를 전달하기 위한 기술적 방법 등 새로운 기술의 출현은 사생활을 보호하는 일을 더욱 어렵게 만든다. 가상현실 헤드셋은 이미 사용자의 위치와 물리적 움직임에 대한 정보를 수집한다. 미래에는 가상현실 안에서 이루어지는 우리의 감정적 경험과 반응, 상호작용에 대한 정보가 수집되고 분석된다. 가상현실이 더욱 몰입적인 기술이 되고 실제 현실과 구분하기 힘들어지면 기술기업들은 전례 없는 양의 데이터를 수집할 수 있게 된다.

이것이 끝이 아니다. IoT는 우리의 가정, 도시, 기관에서 생생한 실시간 데이터를 수집한다. 드론은 우리의 일상을 엿볼 수 있다. 수집되는 유전 데이터가 증가함에 따라 유전자 사생활 또한 훼손될 수 있다.

이러한 문제에 대한 우려는 갈수록 더 커진다.

테슬라의 CEO 일론 머스크가 설립한 뇌 연구 스타트업인 뉴럴링크Neuralink는 인간의 두뇌와 기계를 통합하려고 시도하고 있다. 이는 사생활 보호에 강력한 영향을 주게 된다. 본질적으로 BMI는 뇌에서 정보를 추출하고 그것을 조작하는 방식이다. 이러한 인터페이스에서 얻어지는 정보를 활용하고 이익을 보려고 하는 많은 이해관계자들이 있다. 예를 들어 마케팅 회사는 소비자가 어떻게 생각하고 있으며 마케팅 이후 생각이 바뀌었는지를 이해하는 방법에 관심을 가지고 있다. 고용주들은 이러한 정보를 이용해 생산성을 향상시키거나 직원을 감시할 새로운 방법을 찾게 된다. 특히 뇌 해킹이 이루어질 위험이 있다.

새로운 사생활 정의

여러 가지 측면에서 우리는 이미 기술과 접속되어 있는 사이보그들이다. '확장된 마음extended mind' 이론에 따르면 우리가 사용하는 기술 기기들은 우리의 정체성이 확장된 것이다. 우리는 휴대전화를 이용해 기억을 저장하고 정보를 검색하며 서로 통신한다. 허블 망원경과 같은 강력한 도구를 이용해 시각을 확장하기도 한다. 디지털 세계는 물리적 세계의 확장이라고 말할 수 있다.

이러한 기술적 도구는 우리를 이루는 일부로, 윤리적·사회적 측면에서 큰 영향력을 행사한다. 개인의 페이스북 프로필을 통해 그 사람의 성적 지향, 정치 및 종교적 견해, 인종, 약물 사용, 지성, 성격과 같은 이차적 정보를 추론할 수 있다. 우리가 사용하는 기기들은 우리의 일상적 움직임을 매핑할 수 있으며 인터넷 사용 기록은 감시되고 공개시장에서 판매될 수도 있다.

사생활을 보호하고 개인정보를 보호해야 한다는 주장은 어느 정도는 유효한 것이지만 미래에는 사생활이 사라질 수 있다는 가능성을 받아들여야 할지도 모른다. 우리는 디지털 세상에서 자발적으로 우리의 신원과 관심사와 견해 및 성격을 공유하는 개방사회로 전환되고 있다.

투명성에 긍정적인 경향과 사생활 보호의 필요성에 서로 모순이 발생된다. 많은 사람은 블록체인block chain: 주로 금융 거래에 쓰이는 기술로 정보를 중앙관리서버가 아닌 참여자 개인들의 디지털 장비에 분산 저장해 공동으로 관리한다과 같은 메커니즘을 통해 정보의 분권화와 개방성을 지지하고 있다. 우리에게 주어진 질문은 투명성과 사생활 사이의 상충관계다. 우리는 비밀이 더 적은 세상에서 살기를 원하지만 우리의 모든 행동이 추적당하는 것은 원하지 않는다. 그렇다면 어떻게 균형을 이룰 수 있을까?

전통적으로 볼 때, 사생활은 비밀과 동의어다. 많은 사람은 개인정보를 비밀로 유지하면 사생활 보호가 이루어진다고 생각한다. 그러나 MIT의 '인터넷 정책 연구 이니셔티브Internet Policy Research Initiative' 책임자인 대니 웨이츠너Danny Weitzner는 이러한 개념을 거부하고 사생활에 관한 이러한 낡은 정의는 이미 죽었다고 주장한다.

웨이츠너는 디지털 시대의 사생활 보호는 정부와 기업이 정보를 사용하는 방법을 투명하게 하는 규칙을 만드는 것이라고 말했다. 다시 말해 데이터 비즈니스를 종식시킬 수는 없지만 이를 더 잘 제어할 수 있으며, 그렇게 해야 한다는 뜻이다. 이해관계자들이 우리의 개인적 정보를 엿보는 경우, 어떻게 엿보는지를 감시할 권리를 가져야 한다.

정책의 역할

정책은 기술 진보의 윤리적·사회적 영향을 따라잡는 것에 항상 실패한다. 때로는 잘못된 법률로 인해 오히려 더 해를 끼치기도 한다. 예를 들어 미 하원은 인터넷 서비스 공급업체가 사람들의 인터넷 사용 히스토리를 공개 시장에 판매할 수 있도록 결정했다.

거버넌스의 관료적 본질은 기하급수적 성장을 따라잡지 못하는 경우가 종종 있다. 매일 새로운 기술이 등장하고 사회를 변화시키고 있다. 그런데 세계의 지도자, 정치인, 지역의 대표들이 이런 이슈에 관해 논하고 있다고 말할 수 있는가? 그들이 새로운 기술의 윤리적·사회적 영향에 관해 주의를 기울이고 있는가? 아마도 그렇지 않을 것이다.

또한 기술 진보의 윤리적·사회적 영향에 관한 사회 대중의 인식과 역할을 과소평가해서도 안 된다. 이러한 문제의 복잡성과 가능한 해결방법에 관해 대중을 교육하고 참여시키는 데 노력을 기울여야 한다. 디지털 세상에서 사생활 보호에 관해 우리가 가진 해결 방법은 강력하지 않고 명확하지도 않다. 하지만 적극적인 논의를 통해 더욱 앞으로 나아갈 수 있다.

182

5

스마트하우스의
탄생과 진화

미래 주택은
단순한 주택이 아니다

건축기업 쿡폭스COOKFOX의 대표 릭 쿡Rick Cook이 〈월스트리트 저널〉
로부터 생태 건축물의 미래에 관한 예측을 요청받았을 때, 그는 주
택의 발상 자체를 재점검하고 있다고 답했다.

생태 주택의 미래는 친환경적이며, 효율성을 높이는 방향으로 인
테리어를 재정의할 것이다. 예를 들어 식기세척기가 물을 절약할 수
있도록 기술이 발달할 것이며, 집에는 각종 센서가 포함되어 무선으
로 어디서든 센서를 조절할 수 있도록 해 에너지의 낭비를 막을 것
이다.

낭비되는 물을 재활용하기 위해 발코니에서 식물을 키울 수도 있
으며, 대부분의 생활 재료는 재활용과 재사용이 일반화될 것이다.

2050년, 주택은 소유가 아닌 공유가 일반적인 풍경이 될 것이다.
또한 움직이는 벽을 설치하는 등 공간을 재배치함으로써 소비를 줄

이고 집은 더욱 작아질 것이다. 집을 포함해 가전제품들은 모두 하나의 신경망으로 연결되어 상호 소통하는 IoT 기술이 적용될 것이며, 가전 가운데 오작동을 하거나 업그레이드가 필요하다면 네트워크를 통해 문제를 해결하게 된다.

한편 포럼 포 더 퓨처Forum for the Future의 전 최고경영자 피터 매든Peter Madden은 "2050년 주택의 외관은 지금과 비슷할 것이며 달라지는 것은 주택 내부"라고 말했다. 매든은 미래 주택의 인테리어에서 3가지가 크게 바뀔 것이라고 말했다.

먼저 주택이 똑똑해진다. 집에 달린 센서들이 자동으로 전등을 켜고 꺼주며, 식료품을 주문해주고, 거주자의 건강을 모니터해준다. 중앙통제시스템이 언제 냉장고 성에 제거가 필요한지, 마이크로 제너레이터가 잘 작동하는지 여부 등을 알려준다. 사용자와 상호작용할 수 있는 주택이 되고 모든 것이 무선으로 작동되며 어디서든 데이터를 사용할 수 있다.

두 번째, 주택의 효율성이 높아진다. 모든 가정에서 물을 수확하고 재활용할 수 있다. 태양광 패널과 마이크로 제너레이터, 초슬림 인슐레이션 필름만으로 전기, 가스, 물 등 생활에 필요한 것들을 국가나 공공기관에 의존하지 않는 자립적인 주택으로 변화된다. 정원과 지붕, 베란다에서 식품 배양이 가능하다. 식용 벌레들은 혼합생활폐기물을 먹이로 먹는다.

세 번째, 상황에 맞춰 변한다. 낮과 밤, 계절, 날씨가 변함에 따라 주택의 기능이 바뀌는 맞춤식 주택이다. 벽이 이동해 사무실이 라운지가 되기도 하고 침실이 되기도 한다. 벽에는 페인트를 칠하지 않고 바닥부터 천장까지 스크린으로 되어 있어 회의에 참석할 수도, 영화를 볼 수도, 기분에 따라 색깔을 바꿀 수도 있다.

주택의 양극화 현상은
더 심해진다

미래 주거는 양극화가 심화된다. 빈부 격차가 2030년까지 지속적으로 진행되어 부자들은 더 넓고 호화로운 집에서 살게 되며, 일반인들 사이에서는 기후변화의 대안으로 등장하는 타이니하우스, 트리하우스, 이동식 주택 등이 유행하게 될 것이다. 이와는 별도로 모든 집은 전반적으로 스마트하우스의 형태를 갖출 것이다.

미래학자 토머스 프레이Thomas Frey는 미래의 집이 단순히 집 이상의 역할을 하며, 인간이 원하는 모든 것을 갖추게 될 것이라고 말했다. 이른바 스마트하우스다. 이제 막 시작된 스마트하우스는 거주자와 상호작용해 거주자가 원하는 것을 바로바로 적용하고 제공하게 될 것이다.

에너지를 자체 생산해서 주고받는 스마트 그리드, 공기를 쾌적하게 정화하는 시스템, 쓰레기를 직접 해결하고 생활용수를 정수해 재

188

활용하는 시스템 등도 스마트하우스의 기능에 포함된다.

집 구석구석에 센서가 내장되어 AI가 이를 관리한다. 보안 시스템이 반려동물을 집 안팎으로 출입시키며, 온도조절 장치가 자동으로 쾌적한 온도를 맞춘다. 가정으로 들어오는 IoT는 모든 전자기기가 통신을 통해 거주자에게 가장 쾌적한 환경을 제공한다.

심리학자 에이브러햄 매슬로Abraham H. Maslow의 욕구 5단계설을 주택에 대입해 미래 주택이 갖춰야 할 역할을 8단계로 나눠서 소개한다.

1단계 ── 쉼터

모든 집은 휴식의 장소가 된다.

2단계 ── 안전 및 대피소

오늘날 대부분의 집은 다양한 위험으로부터 보호해준다. 하지만 재난재해로부터 인간을 보호해주는 데는 한계가 있다. 이 때문에 도둑이나 강도 등의 침입도 종종 일어난다. 하지만 미래의 집은 침입자를 막아주고 경비를 서주는 로봇이나 센서를 갖추게 된다. 물론 지금도 이런 기능이 있지만 비용을 지급하고 보험에 가입해야 한다. 하지만 미래의 집은 이런 기능이 더 발전하며, 무료로 제공될 것이다.

3단계 ── 스마트 홈

IoT가 가정에 들어오는 미래에는 집 구석구석에 센서가 장착되어 사람의 마음을 읽은 듯 변한다. 주인이 접근하면 문이 자동으로 열리고 날씨에 따라 집 안의 온도와 습도, 채광 등을 조절한다. 그 밖의 많은 기능들이 단순한 명령으로 이뤄진다.

집을 찾아오는 사람이 누구인지 알려주고 현관을 통과하는 모든 사람을 감시하고 기록하고 모니터링한다.

4단계 —— 예측하는 스마트 홈

스마트 홈 디바이스는 점점 더 똑똑해진다. 집이 주인의 기분을 알아채서 벽난로를 켜주고 음악을 틀고, 조명을 밝혀주며, 주인과 다양한 대화를 나눌 수 있다. 청결을 유지하기 위한 프로그램을 구축해 항시 청소해준다.

5단계 —— 자립 홈

자립하는 집이란 쓰레기를 치우고 하수를 처리하고 외부통신 및 전력, 열, 물을 만들어 제공하며 관리도 자동으로 하는 집이다. 에너지 자급자족 주택들이 늘어나며 식량이나 채소를 생산하는 가정도 늘어난다.

6단계 —— 하우스 모핑house morphing

더 나은 라이프스타일을 수용하기 위해 주택의 구조가 변형되는 집이다. 집에서 파티를 하면 이벤트에 최적화된 공간을 형성해주는데, 벽이나 실내 색상 변경하고 공간도 확장해준다. 공간 확장은 벽이 이동해 침실 공간을 거실로 내주는 방식이다. 심지어 외벽을 넓히

190

는 기능도 제공한다.

주택이 유기물질로 제작되어 각종 치유 환경을 만들어준다. 연령, 인종, 언어 또는 직업에 따라 맞춤형 대화를 할 수 있어 주택에 거주하는 사람들과 동반자 관계를 유지한다.

마지막 단계는 7단계의 기능이 확장한 것으로, 주택이 거주하는 사람들과 소통하며 동반자 관계를 형성한다. 자연에 가장 가까운 환경으로 다양한 측면에서 사람을 안전하게 지켜주며 마치 가족의 일원과 같은 존재가 된다.

더 똑똑해지고
효율성 높아지는 주택

냉난방 기기에서 가전제품에 이르기까지 우리는 일상생활에서 많은 에너지를 사용한다. 가정에서 사용하는 에너지는 1980년보다 37% 더 늘었다. 하지만 이 수치는 기술 혁신 정부의 규제가 없었다면 훨씬 더 늘었을 것이다. 또 에너지 총량이 늘어난 것은 사실이지만, 집이 더 커지고 전자기기들이 더 늘어났음에도 가구당 에너지 사용량은 10% 줄어들었다.

국가 연구소와 산업계, 학계의 연구에 힘입어 가정에서 사용하는 각종 기기의 에너지 효율성이 과거에 비해 높아졌다. 이로 인해 소비자는 돈을 절약할 수 있었고 탄소 공해 역시 줄어들었다. 이런 기술의 발전은 앞으로 더욱 빨라져, 주거의 지속 가능성을 보장해줄 새로운 기술들이 수년 이내에 시장에 등장할 것이다. 이 기술들을 미리 살펴보자.

더 스마트해지고 더 많이 연결되는 주택

우리는 점점 더 인터넷에 연결되는 세상에 살고 있다. 우리가 사는 집도 마찬가지다. 새로운 전자기기와 가전제품들은 모두 IoT가 내장되어 실시간 데이터를 생산하고 서로 주고받는다. 이로써 사용이 더 편리해지고 에너지 소모도 줄어든다. 미국 오크리지 국립연구소Oak Ridge National Laboratory, ORNL에서 개발된 새로운 무선 센서는 시장에서 볼 수 있는 일반적인 무선 센서보다 훨씬 저렴한 비용으로 외부 온도와 실내 온도, 습도, 밝기 등의 정보에 접근할 수 있게 해준다. 냉난방 기기, 조명 등의 주택 내 기기를 자동 통제할 수 있는 시스템과 결합하면 주택 에너지 효율성을 더욱 높여줄 것이다.

미국 퍼시픽노스웨스트 국립연구소Pacific Northwest National Laboratory, PNNL 국립 신재생에너지연구소National Renewable Energy laboratory, NREL, 로렌스 버클리 국립연구소Lawrence Berkeley Laboratory 등도 전력망과 상호작용하며 서로 커뮤니케이션을 주고받을 수 있는 스마트한 가전제품의 새로운 프로토콜과 표준을 개발하고 있다.

초고효율 열펌프

에너지를 한 곳에서 다른 곳으로 옮겨 주택을 냉난방하는 차세대 열펌프 시스템이 개발 중이다. 남는 에너지를 다른 곳으로 옮김으로써 에너지 낭비를 막고 기초 에너지 소비를 303%가량 절감할 수 있을 것으로 보인다. 또 전통적인 가스난로나 보일러와 비교해 연료비용을 30~45% 절감시켜주는 기능도 갖출 것이다.

열펌프 기술은 의류건조기에도 사용된다. 오크리지 국립연구소와 GE는 뜨거운 공기를 만들어내는 열펌프의 순환을 이용한 의류 건조기를 개발하고 있다. 이 제품은 시장에 나와 있는 일반적인 제품과 비교해 에너지 소비를 60%까지 절감시킬 것으로 기대된다.

자기 냉장고

오크리지 국립연구소와 GE는 자기 열량 효과magnetocaloric effect: 자성체를 자기화할 때 발열이 일어나거나 온도가 바뀌는 현상를 응용해 냉기를 만들어내는 방식의 혁신적인 냉장고를 개발하고 있다. 지난 100년 동안 냉장고는 환경에 해를 입힐 수 있는 냉매를 이용한 증기 압축이라는 과정에 의존해왔다. 하지만 새로운 냉장고는 물을 기본으로 하는 냉매를 이용한 혁신적인 기술이며, 환경에 좋고 효율적이다. 이는 에너지 비용이 줄어들고 탄소 배출이 감소한다는 의미다.

첨단 창문 제어 시스템

로렌스 버클리 국립연구소와 펠라 윈도즈Pella Windows는 센서와 마이크로프로세서를 사용해 햇빛의 양과 시간에 기초해 적절한 빛과 자동으로 그늘을 조정하는 창문을 새로 개발하고 있다. 이 신소재로 고도의 단열 성능까지 갖춘 이 창문은 소비자들로 하여금 에너지와 돈을 절약할 수 있게 해준다.

차세대 단열

단열은 냉난방비용을 절감시킬 수 있는 가장 중요한 방법의 하나다. 인더스트리얼 사이언스 앤드 테크놀로지 네트워크는 추운 계절에 다락방, 벽체 등으로 열이 새어나가지 않게 하는 새로운 형태의 환경친화적인 첨단 합성물질을 이용한 단열재를 개발하고 있다.

반사 지붕 소재

특수 안료를 포함한 물질로 코팅된 지붕은 표준 지붕 소재보다 열을 적게 흡수하고 햇빛을 반사한다. 현재 로렌스 버클리 국립연구소와 PPG 인더스트리에서 개발하고 있는 이 특수 안료는 표준 안료보다 거의 4배 정도 햇빛을 반사한다.

더 밝고 편안한 조명

오늘날 효율이 가장 좋은 LED 전구는 백열등에 비해 에너지를 85% 적게 사용한다. LED는 지금도 기술의 진보가 계속되고 있어 수년 이내에 현재 와트당 125-135루멘lumen: 인간의 눈으로 관찰되는 빛의 세기를 나타내는 단위로 lm으로 표기이었던 것이 와트당 230루멘으로 2배 정도 향상될 것으로 보인다.

거주자와 대화하는
스마트하우스

미래의 지능형 주택이 어떻게 당신을 보살필까?

《오즈의 마법사The Wizard of Oz》에서 도로시가 "집만 한 곳이 없다"고 했다. 집은 우리가 쉬고 재충전하는 곳이다. 친숙하고 편안하며 가장 안전하다고 생각한다. 이곳을 유지하기 위해 우리는 청소하고 수리 하는 등 집을 관리한다. 집이 우리에게 안식처를 제공하는 것 외에, 집이 우리를 돌볼 수도 있다면 어떨까?

오렌지 실리콘밸리Orange Silicon Valley의 연구 및 전략 책임자 크리스 아켄버그Chris Arkenberg에 따르면 머지않은 미래에 실제로 집이 거주자 를 돌보게 될 것이다. 아켄버그는 싱귤래리티대학교의 강연에서 '미 래의 지능형 주택이 어떻게 당신을 보살필까?'라는 주제로 강연을 했다.

아켄버그는 주택의 진화는 계속되어 똑똑해지고, 연결되고, 궁극적으로 지능화될 것이라고 말했다.

인터페이스가 음성화된다

지능형 주택 기술은 이제 막 생겨나고 있지만, 성장 잠재력은 매우 크다. 소비자로서 우리는 우리가 어디에 있든지 지속적으로 연결성을 유지할 것으로 기대한다.

어느 날 갑자기 내 전화가 수신되지 않는다면 어떨까? 스마트TV가 다운되고 드라마를 스트리밍할 수 없다는 것이 무엇을 의미하는가? 연결성이 특권에서 기본적 기대로 변하면서, 우리는 서비스와 편의를 위해 우리 정보를 제공하는 것이 무엇을 의미하는지 더 잘 이해하기 시작했다. 아마존에서 몇 개의 버튼을 클릭하기만 하면 며칠 후에 원하는 물건을 집에서 받아볼 수 있다. 구매에 대한 데이터가 기록되고 집계되는 것을 전혀 염두에 두지 말아야 한다.

연결성은 지능형 주택의 기초다. 온라인은 멍청한 물건을 똑똑하게 만든다. 벨킨Belkin의 위모Wemo를 사용하면 사용자가 조명과 가전제품을 무선으로 원격 제어할 수 있으며, 아마존 에코Amazon Echo나 구글 홈Google Home은 이들을 음성으로 제어할 수 있게 해준다.

아켄버그는 음성 제어 기능이 물리적 인터페이스가 진화하는 증거라고 강조하면서, 실제로 인터페이스를 완전히 없애거나 음성이나 제스처와 같은 '소프트' 인터페이스로 전환할 때까지 진화할 것이라고 말했다.

머신러닝으로 점점 더 똑똑해지는 가전제품

아켄버그는 스마트 홈 기술을 저렴하고 실용적으로 만드는 동력은 다음 3가지라고 언급했다.

― 컴퓨터: 컴퓨터는 지난 수십 년 동안 기하급수적으로 강력해졌다. 엄청난 양의 정보를 처리할 수 있는 프로세서가 없다면, 인공지능비서인 알렉사Alexa나 스피커 에코와 비슷한 것도 불가능하다. AI와 머신러닝은 이러한 장치에 힘을 실어주고 있는데, 이 역시 컴퓨터 능력에 달려 있다.

― 센서: 아켄버그는 "세상에 있는 사람들보다 더 많은 것들이 연결되어 있다"고 말한다. 시장조사 기관 가트너Gartner는 84억 개의 물건들이 현재 연결되어 사용되고 있다고 추정했다. 센서가 저렴해질수록 더 많은 것들을 연결할 수 있다.

― 데이터: 빅데이터는 21세기 유전이라고 불린다. 아켄버그는 "지구상의 최고 기업은 모두 데이터를 다루는 기업"이라며, 기업은 더 많은 데이터를 얻을 수 있는 새로운 방법을 찾아야 한다고 말했다. 인공지능비서를 비롯한 다양한 가전제품은 기능을 업그레이드하기 위해 데이터를 수집하는 기능을 갖추고 있다. 그 데이터가 머신러닝의 가능성을 증진시킨다.

거실 식민지화

구글의 알렉사와 에코는 조명을 켜고 끌 수 있으며 학습형 온도조절기 네스트Nest는 에너지 효율적 사용을 돕는다. 이것들을 넘어선 스마트하우스는 실제로 어떠할까?

아켄버그의 지능형 주택에 관한 비전은 센서, 데이터, 연결성 및 모델링을 이용해 자원 효율성, 보안, 생산성 및 건강을 관리하는 것이다.

자율주행차는 주변에 변화를 이해하고 그에 따른 최적화되고 안전한 길을 예측하기 위해 세계를 끊임없이 매핑하는 센서로 둘러싸여 있다. 이런 시스템은 주택에도 적용될 수 있다. 그리고 여기에 딱 맞는 제품이 이미 시장에 나와 있다. 레인머신RainMachine은 일기 예보를 사용해서 가정용 급수 스케줄을 조정한다. 뉴리오Neurio는 에너지 사용량을 모니터링하고, 폐기물 발생 지역을 파악하며, 개선 권고 사항을 제시한다. 이것은 우리의 주택을 지식 시스템과 연결하고, 지식을 이해하고 행동할 수 있는 능력을 부여하는 시작 단계다.

미래의 주택은 가정 도우미, 센서 및 모니터링 장치의 형태로 '디지털 귀', 안면 인식 기술과 집 안에 있는 사람을 인식하는 기계비전의 형태로 '디지털 눈'을 갖추고 있다. 이 같은 도구를 이용해 거주자의 건강에도 도움을 얻을 수 있다. 프레드센스FREDsense는 박테리아를 이용해 오염물질을 감지하는 전기화학센서를 만들었다. 이를 가정용 수도 시스템에 적용할 수 있으며, 나아가 변기에 설치해 생물성폐기물을 모니터하고 평가할 수 있다. 다시 말해 대장암 및 기타 질병의 조기 발견이 가능해지는 것이다. 기술이 더욱 발전해서 생물성폐기물 분석 시스템이 냉장고에 적용되면, 냉장고 속 음식과 식재료의 부패 상태를 점검해 상미기한 및 유통기한 등을 알려줄 것이다.

지능형 장벽

우리는 이미 유비쿼터스 컴퓨팅 및 연결성의 세계에 살고 있으며, 연결이 주는 혜택을 이해하고 있다. 지능형 주택이 널리 보급되려면, 그 가치를 정립해야 하며 도전 과제를 극복해야 한다.

가장 큰 과제 중 하나는 지속적인 감시에 익숙해지는 것이다. 아켄버그는 "데이터를 내주면 편리함과 기능성을 얻게 되겠지만, 보안과 신뢰를 수립하는 것은 큰 도전이 될 것"이라고 말했다.

아켄버그는 궁극적으로 주택은 거주자에 대해 배우고, 일정과 교통을 관리하고, 기분과 기호를 보고, 자원을 최적화해서, 변화를 예측하게 될 것이라고 내다봤다.

스마트하우스의 완성:
2070년 완전 자동화되는 주택

에너지 효율성을 주목적으로 시작된 스마트하우스는 2070년경에는 에너지와 물, 깨끗한 공기를 자체공급할 수 있고 쓰레기를 자체 처리하며, 파손되거나 변형된 집을 자체 수리할 수 있는 거의 완벽한 형태의 스마트하우스로 바뀌어갈 것이다. 주거와 관련해 어떤 기술들이 등장할지 살펴보자.

지역화된 전원 공급 장치

에너지는 태양광 패널과 압전壓電 재료의 조합을 통해 건물 자체에서 생성될 수 있다. 벽, 지붕 및 창문은 태양으로부터 거의 모든 파장의 빛을 흡수할 수 있고, 유기 태양광 기술을 이용해서 빛을 열과 전기로 바꾼다. 거주자의 발걸음과 다양한 다른 운동 과정에 의해 생성된 마찰에서 에너지를 얻을 수도 있다. 이것은 다양한 방법을 통해 수소에서 배터리로 변환되어 저장된다. 햇빛이 부족한 국가에서는 태양광 대신에 마이크로 터빈을 사용할 수 있다.

현지 물 생산 및 폐기물 관리

비는 외부 홈통에서 모이고 저장된 다음, 나노 여과시스템에서 음용수로 전환된다. 이것은 특히 가뭄에 취약한 지역에서 유용하다. 지역 수자원이 부족한 경우, 주택은 소형 저수지와 여과시스템의 역할을 할 수 있다. 한편 플라스틱 및 기타 주방 쓰레기는 재활용 기계에 넣어서 극히 미세한 분말로 분쇄한 다음, 나노제작기에서 재사용할 수 있다.

다양한 효과를 제공하는 건축 변형 기능

창문은 자연 채광의 수준을 최적화하기 위해 크기와 위치 및 불투명도를 자체 조정할 수 있다. 일부 건물들은 외관 전체에 클레이트로닉스를 적용하기도 한다. 거주자의 취향에 따라, 모던한 스타일 또는 고전적인 빅토리아 양식의 건물 등 전혀 다른 모습으로 변형할 수 있다. 이러한 '프로그래밍 가능한 물질'의 형태는 거주자 자신이 설계할 수 있으며, 요구에 따라 수시 변경이 가능하다.

공기 정화 시스템

집안의 공기는 신선하고 깨끗하며 먼지와 미생물이 전혀 없다.

상호작용 표면

홀로그램 발전기는 벽, 문, 작업대 표면, 거울 및 샤워 칸막이를 포함한 건물 내부 전체를 덮는다. 이 지능형 표면은 거주자의 위치를 추적하고, 어디서든 필요할 때마다 정보를 표시할 수 있다. 집안의 거의 모든 표면을 터치스크린이나 마인드 컨트롤 인터페이스를 사용해, 전자 메일을 읽고, 뉴스 보고서를 보며, 온라인 세계에 접근할 수 있다. 건강, 개인 생활, 하루 일정에 대한 실시간 정보도 표시할 수 있다. 이 시스템은 다양한 다른 기능을 가지고 있어서, 엉뚱한 곳에 놓고 깜빡한 개인용품을 찾는 데 사용될 수도 있다.

지능형/자가 유지형 기기

가전제품은 어떤 방식으로든 스스로 수리하거나 유지 관리된다. 애프터서비스를 위해 인간 기술자가 집을 방문하도록 전화받는 것은 매우 드물어진다.

적절한 크기

인구 과잉과 환경 악화로 인해 가용 토지가 지속적으로 줄어들면서, 세계는 점점 더 혼잡해진다. 도심의 경우, 아파트가 소형화되며 공간의 모든 부분을 활용하는 경향을 띤다. 완전몰입 가상현실 역시 하나의 방법이다. 클레이트로닉스가 적용되어 필요에 따라 재구성되는 유연한 룸 레이아웃도 등장한다. 이 기능이 완성되기까지 수십 년 동안 슬라이딩 벽 시스템이 적용될 것이다. 그리고 마침내 현실화된 클레이트로닉스로 대체될 것이다.

거주자의 건강을 챙기는 스마트하우스

미래 건강관리는 집에서부터 시작된다. 가정과 주머니 속에 등장하는 미래 의료 부문의 여덟 가지 흥미로운 영역을 살펴본다. 이 기술들의 일부는 아직 초기 단계이고 임상적 사용에는 아직 이르지 못하고 있다. 또 아직 상당한 규제와 보상, 개인정보 보호 등의 문제가 남아 있지만 보건과 예방, 진단, 치료, 임상시험 단계에 이르고 있는 융합 기술의 영역들이 있다.

건강관리를 위한 인터랙티브 홈

제약회사, 의료 기기회사, 소비자 보건기업들은 아마존 에코나 구글 홈과 같은 플랫폼에서 구동되는 앱을 제작하기 위해 경쟁하고 있다. 아마존 에코는 좋아하는 노래를 틀어주고 뉴스를 전해주며 날씨를 확인하고 상품을 주문하고 달력에 일정을 추가하며 우버 택시를 불러준다.

머지않아 아마존 에코와 같은 기기들은 중요한 보건 인터페이스가 된다. 의료용 IoT 웨어러블 혈압계, 혈당측정기 등는 사람들의 유전체와 음식, 활동, 혈당에 기초해 적절한 음식을 배달시키거나 준비하게 해준다. 위급한 상황에서 119에 직접 전화하는 게 아니라 "알렉사, 119에 전화해줘"라고 명령하는 것이 일반적인 방법이 된다.

보스턴 아동병원에서 제작한 키즈엠디The Kids MD 앱은 부모에게 열 증상과 약물에 대해 간단한 조언을 해준다. 카탈리아 헬스Catalia Health에서 개발한 마부Mabu 로봇은 AI 기반의 건강 도우미 로봇이다. 마부는 침대 시트를 교체하거나 환자를 목욕시키는 등의 육체적인 조력 활동을 하지는 못하지만 환자의 건강상태를 관찰하고 의사에게 정보를 전송하고 환자의 표정을 통해 감정을 읽을 수 있다. 사람과 교감하는 능력을 갖춘 가정용 로봇 지보Jibo도 개발되었다. 로봇 마부와 지보는 모두 MIT 미디어랩에서 개발되었으며 조만간 시장에 출시된다.

가정에 있는 더 많은 기기들이 센서를 가지고 우리 신체 건강과 환경을 측정하게 된다. 날씨와 꽃가루 양, 이웃의 인플루엔자 발생에서 바이탈 사인에 이르는 데이터를 측정하고 이를 필요한 곳과 상호작용하는 인터넷 연결 홈이 일상화된다.

의료용 트라이코더에서 가정용 의료 키트까지

가정용 진단 플랫폼과 가정 의료서비스의 결합이 이루어지고 있다. 스마트 의료기 개발을 위한 트라이코더 엑스프라이즈 대회가 진행 중이며 여러 팀이 마지막 단계에서 경쟁하고 있다. 가장 앞선 경쟁자는 클라우드엑스CloudDx와 스카나두Scanadu다. 스카나두는 맥박을 읽어 건강상태를 감지하는 스마트 의료기인 스카우트 트라이코더를 개발했다. 19랩스19Labs에서 개발한 게일Gale은 차세대 '가정용 건강센터를 위한 구급상자'다.

헬스케어 챗봇

다이어트와 영양 섭취에 관한 조언에서 약물 복용, 심리적 지원까지 할 수 있는 챗봇chatbot이 개발되고 있다.

2015년 익스포넨셜 메디신 메디 상Exponential Medicine MEDy Awards을 수상한 세 기업은 오늘날 무엇이 가능한지를 보여준다. 센슬리Sensely는 가상의 AI 간호사인 몰리Molly를 개발했다. 몰리는 병원에서 퇴원했지만 집에서도 지속적인 치료가 필요한 환자를 위해 개발되었다. 아바타 형태로 고급 음성인식 기능을 갖춰 환자와 음성 대화를 통해 간호 서비스를 제공한다. 실리콘밸리의 스타트업 X2AI에서 개발한 챗봇 테스Tess는 대화형 심리 치료 AI다. 테스와 이 회사의 또 다른 AI '카림'은 정서적 도움이 필요한 사람들과 상호작용하며 이용자의 감정상태를 분석하는 자연어 프로세싱 과정을 거쳐 적절한 답변과 질문을 한다. 소프트웨어에 기반해서 '감정적 분석'을 하는 음성 분석 개발업체 비욘드 버벌Beyond Verbal은 목소리를 분석해 이용자의 정신 건강 상태를 파악한다.

가상현실과 증강현실

구글 글래스Google Glass가 첨단 의료 프로그램과 결합해 가정의료에 앞장선다. 오그메딕스Augmedix는 구글 글래스를 이용해 의사들의 전자의무기록electronic medical record, EMR 작성을 도와준다. 오그메딕스 솔루션이 장착된 구글 글래스를 착용한 의사들이 환자를 진료하면서 말하는 내용이 오그메딕스의 기록원에게 전달되고 기록원은 실시간으로 환자의 전자의무기록을 입력한다.

브레인파워Brainpower와 같은 소아 신경 치료 플랫폼은 자폐아를 돕기 위해 구글 글래스를 이용해 정서적 단서들을 게임화시켜 학습한다.

마이크로소프트의 홀로렌즈Hololens는 케이스웨스턴 의대와 협력해서 의대생 교육을 위한 해부학과 생리학 가상현실을 개발했다. 오큘러스 리프트와 HTC 바이브HTC Vive가 출시되면서 '가상현실 해부학'과 같은 수많은 의료 교육 프로그램이 사용되고 있다.

보건의료의 정량화

웨어러블 기기와 인터넷에 연결된 의료기기들이 확산됨에 따라 데이터는 기하급수적으로 늘어난다. 이 빅데이터를 의사들의 작업 흐름에 통합하는 것이 디지털 의료의 실현을 위해 중요한 요소다. 구글 핏Google Fit은 건강 데이터 교환을 추가하고 있으며 애플 헬스키트Apple HealthKit는 30개 이상의 헬스케어 시스템과 연결되어 있다. 아이폰에서 스탠퍼드대학교의 전자의료기록으로 데이터를 보낼 수도 있다.

소프트웨어는 점차 다양한 데이터 소스의 데이터를 분석하게 된다. 센트리안Sentrian과 같은 스타트업은 원격 환자 데이터를 감지해 불필요한 병원 방문을 줄일 수 있다. 영국의 국민건강서비스National Health Service, NHS와 같은 보건 시스템은 당뇨병과 같은 만성질환을 위한 디지털 건강 코칭 기술을 시험하고 있다.

오시너 헬스 시스템Oschner Health System은 시연을 통해 혈압계에 연결된 스마트워치와 스마트폰을 사용해 고혈압 치료 결과를 크게 향상시키는 방법을 증명했다.

보건의료를 위한 우버

원격진료와 결합된 서비스를 통해 집 전화를 통한 진단과 의료 서비스를 이용할 수 있다. 페이저Pager와 힐Heal 같은 스타트업들은 필요에 따라 의사에게 전화를 연결해주는 서비스를 수백만 명의 회원에게 제공하고 있다. 집드럭Zipdrug은 주요 약국과 협력해 처방약을 1시간 이내에 환자에게 배송하고 있다.

보건 서비스가 우버화 되는 것에 대한 우려도 있지만 주문형 서비스에 대한 소비자 행동과 기대가 커지고 의료비를 지급하는 기관의 보험 적용 범위가 확장됨에 따라 그 가능성은 점점 더 커지게 된다. 실제로 우버는 병원과 제휴해 검진 환자를 수송하고 있다.

암 치료를 향한 문샷

암의 예방, 검사, 치료 분야의 수요를 처리할 유일한 요소는 기술의 발전이다. 이를 위해서는 인센티브와 정책, 규제 기관의 조정이 필요하다. 미국의 조 바이든Joe Biden 전 부통령은 암 정복을 위해 '백악관 암 문샷 대책 본부White House Cancer Moonshot Task Force'를 출범시키는 데 앞장섰다. 식품의약국Food and Drug Administration, FDA의 승인과 특허 보호, 데이터 공유에 관한 새로운 정책도 속도를 내고 있다.

가정에서 유전학 정보를 얻다

유전자에서 마이크로바이옴microbiome: 우리 몸에 사는 미생물의 유전정보 전체, 대사체metablome에 이르기까지, 가정에서 샘플을 보내 개인 정보를 얻는 일이 더욱 일반화되고 있다. 23앤드미23andme는 소비자들의 도움을 받아 유전체학 연구를 시작했으며 데이터 제공자들의 데이터를 활용해 더 빠르고 새로운 자료를 확보하고 있다. 23앤드미는 45만 명의 고객을 대상으로 해서 우울증의 원인이 되는 유전적 단서에 관한 연구를 발표했다. 베리타스 제네틱스Veritas Genetics는 현재 999달러에 전체 유전자 배열과 유전적 암 발생 위험 테스트를 제공하고 있다.

또한 건강과 질병에서 마이크로바이옴의 중요성이 신속하게 밝혀지고 있다. 유바이옴Ubiome과 세컨드지놈Second Genome은 현재 개인 마이크로바이옴 배열을 밝혀내는 홈 키트를 제공하고 있으며 익명의 데이터 기증자들을 활용해 유용성을 향상시키고 있다.

유전체학, 마이크로바이옴, 영상 기록, 디지털 의료자료, 환경 정보 등을 통합하는 '시스템즈 메디슨Systems Medicine'이 발전하고 있다. 휴먼 롱제비티Human Longevity의 헬스 뉴클리어스Health Nucleus는 개인 게놈에 대한 맞춤형 분석을 제공하고 개인화된 의료, 예방, 치료를 위한 다양한 데이터를 수집, 추적, 분석하고 있다. 데이터는 전체 게놈 데이터베이스에 사용되고, 이는 노화 관련 질병 연구에 사용된다.

기술과 플랫폼이 의료 분야에 진출한 여덟 개 분야에 대해 알아보았다. 아직 일부 기술은 가치 증명을 기다리고 있고 다양한 기기, 데이터, 앱이 통합되어 의료 시스템과 완전한 연결이 이루어지기를 기다리고 있다.

전 세계적으로 보건 의료 분야에는 수많은 도전과제들이 있다. 이를 해결하기 위해 더욱 새로운 사고방식, 창의적인 기술 등의 재능을 가진 많은 사람들이 필요하다.

212

실현된 기술로 보는 미래 주택 트렌드 7

앞으로 도시는 어떻게 변할까? 팝숍닷컴Popsop.com의 애나 루덴코 Anna Rudenko 기자는 "지금까지 도시사업의 방향은 크게 두 가지였다"고 말한다. 하나는 친환경적이고 편안한 도시를 만드는 것, 다른 하나는 신기술을 접목한 공동체 삶을 만드는 것이 그것이다. 하지만 루덴코 기자는 "미래에는 더 다양하고 흥미로운 트렌드가 예측된다"며 미래주택의 모습을 다음과 같이 7가지로 정리했다.

❶ — 확장형 인테리어

도시 생활은 사람들의 주거공간을 축소시킨다. 그렇다면 물품을 저장하고 가구를 배치하기 위한 스마트한 해결책은 뭘까?

213

기존의 가구에 대한 생각을 완전히 바꿔라: 스웨덴 가구업체 이케아IKEA는 '작은 공간을 크게 만들자'는 슬로건을 내세웠다. 무게가 조절되는 레벨 월 쉘프Level Wall Shelf 책꽂이, 다용도로 변형되는 푸실로Fusillo 책꽂이, 높이가 조절되는 이탈리아 가구회사 이스페이스 로지아Espace Loggia의 침대 등 팝업 가구 산업이 성장하고 있다. 작은 공간을 넓게 보이게 하는 거울로 된 가구가 해결책이 될 수도 있다. 텍스테일스TexTales의 아동용 침대 시트처럼 증강현실을 가미한 제품도 있다. 또한 앞으로는 DIY 대신 3D 프린트로 제작할 것이다. 실제로 가구업체 오픈데스크OpenDesk는 CNC공작기계로 나무를 가공할 수 있게 해주는 디지털 파일을 무료로 제공하고 있다.

주택 재설계: 예전에는 벽, 창, 계단, 천장 등의 공간은 한 가지 개념에 충실했다. 하지만 아포스트로피Apostrophy 건축 기업은 공간을 다양하게 재활용하는 방법을 탐구하고 있다. 이런 경향은 일본에서 소형 주택이 유행하면서 시작되었다. 쉽게 조립할 수 있고 3만 달러로 비용이 저렴한 노마드 마이크로 홈키트 제조업체는 크라우드펀딩을 통해 자금을 모색하고 있다.

주거공간 그 이상: 인테리어만큼 외부 공간도 중요하다. 프랑스 알레리아 프로젝트는 주택 내부로 들어오는 태양 빛에 더 많은 색상을 추가하기 위해 다양한 색상의 패널을 설치했다. 이 프로젝트는 색채 심리 치료를 통해 거주자의 기분을 향상시키는 것이 목표다. 미래의

이케아 매장에서는 조립식 가구가 아니라 3D 프린팅 기기에서 물건을 만들기 위한 재료와 파일을 판매하는 단계로 나아갈 것이다. 또 환경에 맞춰 변하는 소파나 천장, 소음을 흡수하는 블라인드 커튼과 벽지 등 스마트한 인테리어 환경에서 살게 될 것이다.

❷ ― IoT

미래에는 티테이블에서 창유리까지, 가정에서 쓰는 모든 것에 디지털 센서가 장착돼 컴퓨터 또는 스마트폰과 연결되어 새로운 기능이 가능해진다.

스마트 센서티브 장치: 에어박스랩AirBoxLab은 실린더 센서를 장착해 기온, 상대습도, 그리고 공기 중의 휘발성유기화합물, 이산화탄소, 일산화탄소의 양을 측정한다. 랩카Lapka 키트는 온도와 습도는 물론 일차상품의 방사선, 전자기장까지 측정한다. 창문에 붙이는 소노Sono 디바이스는 거리의 소음을 듣기 좋은 소리로 전환시켜준다.

음식을 만들고 먹는 방식을 바꾼 기술들: 퀄키Quirky와 GE의 합작으로 만든 에그마인더EggMinder는 냉장고에 달걀이 몇 개 남았는지, 상한 달걀이 있는지 추적해 소유자의 스마트폰으로 정보를 보내는 스마트기기다. 레인지는 요리 과정에서 정보를 포착해 처리하는 애플리케이션이다. 보안을 지켜주는 작은 기기들: 와이파이로 연결된 멀티센서 카나리Canary는 와이드앵글 렌즈와 고성능 마이크, 가속도계, 동작탐지기를 이용해 주거자가 집을 비운 사이 집에서 무슨 일이 일어나는지 모니터해 이상한 점이 있으면 알림 메시지를 보낸다. 이 장치는 인디고고에서 한 달 만에 200만 달러의 투자비용을 받았다. 방의 기온, 습도, 진동, 빛, 소리 등 다양한 상태를 측정하는 퀄키와 GE의 스포터Spotter는 스마트폰으로 각종 스케줄과 가전제품의 현재 상황을 보고해준다.

스마트한 수도 및 전기 소비 등이 가능해진다: 네타트모Netatmo는 사용자의 활동과 습관에 따라 편안한 온도를 설정, 앱을 사용해 난방시스템을 원격으로 조정할 수 있게 해주는 온도조절장치다. 스프라브Sprav는 샤워하는 동안 물과 전기를 얼마나 썼는지 측정해주는 제품이다. 이를 사용하면 연간 비용을 10~20% 줄일 수 있다. 공유 소비가 주택관련 지출에 대한 해결책이 될 수 있다. '미래의 가족' 연구 보고서를 쓴 드래곤 루즈Dragon Rouge는 앞으로 한 부모 가족들이 거실, 식당, 부엌을 함께 쓰게 될 것이라고 예측했다. 이를 통해 환경에 미치는 영향도 줄일 수 있다. 그 밖에 몸무게를 재고, 다이어트 방법을 추천해주는 의자, 음식의 신선도를 알려주는 스캐너 등이 사용될 것이다.

기술로 인해 우리 삶은 더욱 자연과 가까워진다. 이것이 지속 가능한 도시의 모델로, 원예 및 재배 식품은 사람들이 자연과 더 가까워지도록 하고 식비도 줄여준다. 도시의 빈 공간은 환경을 정화하고 더 자연스럽게 느낄 수 있도록 바닥 사이, 바닥 아래, 벽 사이에 팝업 정원이 만들질 것이다. 또 태양광 패널은 유비쿼터스 환경을 구축해 줄 것이다.

가정용 태양광 배터리: 영국 이케아는 일반인에게 태양광 패널을 판매하기 시작했다. 태양광 에너지를 이용해 휴대전화 배터리를 충전하는 것 등이 가능하다. 윈도 소켓은 이런 원리를 이용해 태양광을 축적하는 장치다. 시간당 1,000mA 전류용량으로 10시간 동안 사용할 수 있으며, 5~8시간이면 완전히 충전된다.

스마트해지는 가정농장: 곤충은 자연산 단백질 공급원이다. 기르기 쉽고, 소고기나 닭고기 대신 먹을 수도 있다. 432농장은 단백질 함량이 42%에 이르는 '동애등에' 애벌레를 키우는 테이블 위의 농장이다. 렙시스LEPSIS 테라리엄terrarium도 식용으로 집에서 메뚜기를 키우는 장치다.

도시의 스마트 정원: 도시의 정원은 공간의 제약을 많이 받기 때

문에 씨리프Sealeaf와 같이 바다 위에 떠다니는 정원이 출현한다. 씨리프는 조립식의 수중재배 시스템으로, 빗물을 모으고 태양광 에너지를 사용해 식물이 자라는 환경을 조절해준다. 벽에 설치하는 정원도 인기를 얻고 있다. 2013년에는 세계 최초의 수직 친환경 녹색도시 보스코 베리칼레Bosco Vericale가 밀라노에 건설되었다.

❹ ── 도시 공공시설

도시의 거리가 혁신적 아이디어와 자신의 생각을 표현하는 공간으로서 잠재력을 키워가고 있다. 팝업 공연장, 도시형 미니어처 정원, 다기능 공공시설urban furniture 등 더욱 편리해지고 스마트해지고 있다.

전원이 항상 켜져 있는 도시: 우리는 휴대전화부터 전기차까지 수많은 전기제품들로 둘러싸여 있다. 따라서 도시에는 충전할 수 있는 장소가 빈틈없이 설계되어야 한다. 예를 들면 보스턴 씻이Seat-e 벤치처럼 사람들이 휴대전화를 충전할 수 있는 태양광 에너지 벤치가 등장했다. 전기차 산업이 커지면서 미국의 히보파워HEVO Power는 전기차가 주차할 때 충전이 가능한 맨홀 뚜껑 크기의 장치를 개발했다.

지속 가능한 도시 공공시설물: BMW 구겐하임연구소가 내놓은 빗물을 모으는 공원 벤치프로젝트는 빗물을 받아 소규모 정원 용수로 사용할 수 있다. 암스테르담의 디자인 스튜디오 피봇 크리에이티브Pivot Creative의 '책 읽는 벤치 프로젝트'는 이웃과 책을 공유한다.

스마트한 옥외 광고: IBM은 기존 금속 광고판을 벤치, 버스정류소, 전등으로 변형시켰다. 페루공과대학교UTEC와 메이요드래프트Mayo Draft DCB가 설계한 광고판은 대기로부터 물을 수확할 수 있다. 이 프로젝트로 리마의 시민들은 깨끗한 식수 96리터를 얻을 수 있었다. 물은 광고판 아래쪽 물탱크에 저장된다. 미래의 도시는 광고판, 버스정류소, 벽, 공중전화부스 등이 충전소 기능을 하게 된다. 쓰레기를 자동으로 분리, 압축, 재활용까지 하는 스마트 쓰레기통이 나온다.

❺ ── 도시 조명

재생 가능한 에너지원 사용으로 인해 도시의 불을 지속적으로 밝히는 것이 가능해지고 있다.

빛나는 물체들: 물체 자체가 스스로 빛을 낸다면 도시의 불을 밝히는 것이 더욱 쉬워질 것이다. 나무의 유전자를 조작해 스스로 빛을 내게 하는 것이 하나의 해결책이 될 수 있다. '빛나는 식물' 프로젝트는 합성생물학을 이용해 반딧불과 박테리아의 생물발광 유전자를 추출해 나무에 심는 프로젝트다.

태양광 에너지로 도시의 밤을 밝히다: 영국 소재 프로테크 조명

ProTeq Lighting은 스타패스Starpath라는 자체발광 스프레이 도로 코팅제를 개발했다. 스타패스는 낮에 태양광을 흡수하고 밤에는 입자가 발광한다. 조지워싱턴대학교에 설치된 오닉스솔라Onyx Solar의 태양광 패널 보행로는 태양광선을 저장했다가 도로 밑에서 LED 불빛을 켜준다.

움직임에 따라 바뀌는 조명: 필립스Philips의 루미모션LumiMotion은 주변의 활동을 감지해서, 움직이는 물체가 있으면 밝아지고 활동이 없으면 불을 끄는 스마트 조명이다. 이러한 방식은 에너지 비용을 80% 절감하며, 안전성은 100% 유지한다.

❻ — 도시 탐험

수많은 여행 애플리케이션이 나오면서 도시를 탐사하는 것에 매력을 느끼는 사람이 많아지고 있다. 걷기 좋은 도시가 되는 것이 미래 도시 계획의 가장 우선순위가 될 것이다.

건강해지고 지역에 대해 배우기 위해 도시를 걷자: 나이키Nike는 런던 도보 지도를 출시했다. 독일 함부르크는 도시의 40%를 아우르는 도보와 자전거 그린 네트워크를 만들어 공원과 놀이터 주변에 차 없는 거리를 연결하고 도심과 교외를 연결하는 친환경도로를 건설하는 계획을 진행하고 있다.

<u>집단적 창의력을 이용해 지도를 만든다</u>: KLM 네덜란드항공은 여행객들에게 친구들과 함께 가장 좋아하는 여행 장소와 관광명소를 추가한 자신만의 지도를 그리도록 해 제작한 뒤 고객에게 보냈다.

<u>도시 탐사의 게임화</u>: GM은 미국 주요 5개 도시_{로스앤젤레스, 뉴욕, 보스턴,} 시카고, 샌프란시스코의 과학 관련 사실을 탐사하는 온라인 게임인 GE 원더 그라운드 프로젝트를 시작했다.

❼ ─ 자연재해 대비

미래의 도시는 편안함은 물론 자연재해를 잘 견디도록 설계되어야 한다.

<u>하루 24시간, 주 7일, 1년 365일 연결</u>: 비상상황에서는 더 많은 사람을 구조하기 위해서는 반드시 온라인 접속되어 있어야 한다. 구글은 기구를 높이 띄워 재난 상황이나 가난한 나라에서 사람들이 와이파이에 접근 가능하도록 하는 룬 프로젝트를 내놓았다. 마이파워 다이나모Mipwr Dynamo는 푸시 버튼을 반복해서 누름으로써 휴대전화를 충전하는 케이스로, 1분이 소요된다.

<u>임시 주택</u>: 조립식 주택은 급하게 집이 필요한 사람을 위한 해결책이다. EDV-01프로젝트는 거주를 위한 시설이 완비된 2층 구조물

로, 보충 전기가 필요 없고 쉽게 이동시킬 수 있다. 화장실과 취사 및 숙박 공간이 있고 태양광 패널, 수소연료전지, 리튬배터리가 장착되어 있다. 에어비앤비는 갑자기 숙박할 곳을 잃어버린 사람들과 숙박 시설을 연결해주는 긴급구호서비스 플랫폼을 시작했다.

재해에 강한 도시 계획: 세계적인 건축디자인 회사 겐슬러Gensler가 개발한 '뉴욕 도시 광장 이니셔티브Town Square Initiative : New York'는 사용되지 않는 도시 공간에 충격을 잘 견디고 지속 가능한 공동체를 건설해 자연재해 상황에서 대체 에너지를 공급하는 프로젝트다. 이곳에서는 태양광 에너지와 빗물을 수집하고 쓰레기를 퇴비화하게 된다.

자연재해 상황에서 살아남기 위해 도시는 에너지를 얻는 새로운 방법을 개발해야 한다. 또한 배수 시설을 확충하고 오염된 공기, 물, 흙을 정화하는 시스템을 만들어야 한다. 허리케인이나 지진 피해자들을 위한 값싼 조립식 주택 또한 곧 도입될 것이다. 이러한 시설 완비 주택들은 몇 주 동안 생존에 필요한 조건들을 갖추는 데 초점을 맞춘다. 앞으로 새로운 세대의 스마트 주택들은 공간 계획, 지속 가능한 재료, 청정에너지원을 가진 효율적인 건물이 되어야 한다. 기술의 발전을 통해 자급자족이 가능하고, 부엌에서 대체 식량을 재배하고, 자율전력망과 물 정화시설을 갖춘 주택이 그것이다. 도시 공간을 합리적으로 활용하는 것도 중요해진다. 자율 조명 거리, 태양광과 물을 저장하는 도시 공공시설 등도 미래 스마트 도시를 구성할 것이다.

6

주거 문화에
기술을 더하다

형태가 변하는 건축물로
주거 최적화

미래의 주거에서 가장 주목받는 것 가운데 하나가 3D 프린터다. 나사처럼 단순한 부품을 프린트하는 것으로 시작된 3D 프린터는 신발, 옷, 음식, 집까지 일상생활을 하는데 필요한 거의 모든 것을 프린트하며, 미래의 의식주에 가장 보편적 기술이 될 것으로 보인다.

전문화된 3D 프린터는 건축이나 의학 분야 등 더 많은 분야에서 활약하겠지만, 미래에 가정에서는 보급형 3D 프린터가 필수적 가전제품으로 자리하게 될 것이다. 이 3D 프린터는 무료로 또는 저작권료를 지급한 설계도를 인터넷에서 다운받는 것만으로 생활에 필요한 많은 것을 집에서 직접 만들게 된다.

한편 최근에는 3D 프린팅을 한 단계 뛰어넘은 4D 프린팅 기술의 개념이 등장했다. 4D로 프린트된 제작물은 특정 조건이 바뀌거나 시간이 지남에 따라 형태를 바꿀 수 있는 창조적 개체다. 이는 특정 환

225

경에 반응해서 형태를 스스로 변형시키는 신소재 덕분이다.

2016년 오스트레일리아의 전자소재과학연구센터ARC Center for Excellence for Electromaterials Science, ACES의 연구원들이 물이나 열과 같은 외부 자극의 영향으로 프린트된 물건이 새로운 구조로 변하는 4D프린터 기술을 개발했다. 그들이 만든 것은 물의 온도에 반응하는 출력물로, 뜨거운 물을 감지하고 자동으로 차단하는 밸브다. 건설 분야에서 수분이나 열로 건축물 모양이 변하는 건물을 만들 가능성이 생긴 것이다. 의학, 자동화기기, 로봇과 같은 분야에도 이 온도 반응 기술을 접목시킬 수 있다.

다양한 신소재
활용하는 주택

미래학자들은 향후 30년 동안 우리가 어떻게 일하고, 여행하고, 살아갈지 예측하고 있다. 그들은 2045년까지 거주자와 대화하는 건축물, 증강현실 스크린, 자가 치유, 자가운전 비행기가 등장할 것으로 예상한다. 하지만 이것이 완전한 자동화 사회를 뜻하지는 않는다. 일부 전문가는 우리가 심지어 버린 기술, 펜과 종이의 시대로 돌아갈 수도 있다고 말한다.

영국의 플랜트업체 휴든Hewden의 전문가들과 오스트레일리아의 미래학자 이언 피어슨Ian Pearson 박사는 초고층 건물이 AI '인격'을 가질 것이며 사람들과 대화할 것이라고 예측한다. 냉난방해야 하거나 수리가 필요할 때 집과 사무실은 다양한 센서를 통해 정보를 수집하고 실행하며, 대화를 통해 거주자에게 알리거나 의견을 묻는 것이다.

한편 초고층 빌딩 건설 경쟁으로 인해 엘리베이터 역시 눈부시게 발전하게 되는데, 피어슨 박사는 전자 결합과 추진장치를 이용하는 엘리베이터의 새로운 유형이 등장할 것이라고 예측한다. 티센크루프의 독일 엔지니어들은 이미 '멀티'라 불리는 기술작업을 시작했다. 티센크루프의 엘리베이터는 수직뿐만 아니라 수평으로도 신속하고 원활하게 엘리베이터를 이동시키기 위해 자기부상 기술을 적용한다.

2045년에 건물은 반투명 콘크리트 플라스틱과 자가 치유 기능을 가진 형상 변화 물질로 건축된다. 현재 세계에서 가장 높은 건물, 두바이의 부르즈 할리파는 829.8m다. 이는 0.5마일 정도인데, 미래에 건축물은 이렇게 마일 단위로 높아질 것이다. 이 초고층 건물들은 구름을 통과해 상승하기 때문에 창문으로 볼 수 있는 풍경은 하늘과 구름밖에 없을 수 있다. 그래서 미래 초고층 건물의 창문은 사람들이 원하는 어떠한 배경이라도 선택할 수 있도록 증강현실 가상화면 기능이 추가된다.

그 밖에 건축물에 쓰이는 재료로 비디오 타일, 색상 변화 재료와 전자섬유 매트, 부드러운 질감의 가구 등을 포함한다. 건물의 청결은 자외선과 이온화 기술을 사용해 살균하고 레이저 기반 살충제를 사용하게 된다.

생활 속에
로봇이 들어온다

2049년에 다양한 형태와 기능을 가진 로봇이 등장해 일상의 일부분이 된다. 안드로이드는 특히 노인들에게 인기 있는 도우미이며 장애인이 홀로 살아갈 수 있도록 동료, 가이드 및 보호자 역할을 해준다. 회사 직원을 대신하며 1인가구의 동반자로서 인기가 높아지는 것이다. '대체' 라이프스타일을 추구하는 사람들은 안드로이드를 자신의 아바타로 사용한다.

반려동물도 로봇으로 대체되어 아프거나 죽지 않고 음식이나 물을 필요로 하지 않으며, 사람을 공격하거나 유기될 우려도 없다. 또 멸종된 동물, 특성상 반려동물이 될 수 없는 동물들도 반려동물로 삼을 수 있고, 그 밖에 박물관 등에서도 재현할 수 있다.

저렴한 안드로이드 모델을 백화점, 가전 전문점에서 살 수 있으며, 고급 모델은 살아 있는 피부, 머리카락 등을 포함하고, 소유자에 대한 개인정보를 사전에 입력해준다.

로봇에 관한 정부의 허가 법안은 복잡하지만, 모든 국가에서 아이작 아시모프Isaac Asimov의 로봇 3원칙을 준수하도록 한다. 첫째 인간을 다치게 할 수 없고, 둘째 인간의 명령에 복종해야 하며, 셋째 스스로를 파괴할 수 없다. 둘째는 첫째 법칙을 예외로 하며, 셋째는 둘째 법칙을 예외로 한다.

그 밖에도 산업환경에서 로봇이 본격적으로 일하게 되어 방문객을 맞이하고 고객 응대를 하며, 병원에서 나노기술 장치를 포함하는 섬세한 수술을 실행하는 데 인간보다 훨씬 정확한 능력을 보여준다. 식량을 생산하는 농업에도 로봇이 활용되는데, 특히 사막 경작지에서 자라는 유전자 변형 작물의 관리 등 인간이 일하기 힘든 환경에서 로봇이 활약하게 된다.

로봇의 역할은 더욱 늘어나 의식주 등 주거를 위한 작업 외에도 군사작전에 투입되어 전쟁 역시 인간 대신 수행하고 교도소 관리 및 테러 진압 등 인간이 직접 수행하기 힘든 일들을 대신한다. 우주에서도 로봇은 탐색과 광물 채취 등 핵심적인 역할을 한다.

작은 집 넓게 쓰는
나노기술

2008년의 서브프라임 모기지 사태는 큰 집을 원하는 사람들의 생각을 바꾸는 계기가 되었다. 쉽게 번 돈으로 풍족하게 쓰고 큰 집을 가졌던 사람들이 작은 것에 만족하는 성향으로 바뀌고 있는 것이다. 미국 전역에 저탄소 생활 붐이 일고 있는 것도 주택에 대한 사고방식의 변화에 한몫하고 있다. 자연을 살리는 소재 및 신재생 에너지를 이용하자는 이 움직임은 편안하고 효율적이며, 이동 가능해서 심지어는 옮겨 다니는 주택을 선호하게 된 것이다. 작은 주택은 담보나 대출이 거의 들지 않는 덕분에 소비로부터의 자유, 열정적인 삶을 누릴 수 있는 자유를 가져다준다.

작은 집의 기준은 보통 37~46m^2이지만, 어떤 것은 10m^2의 규모도 있다. 작은 집에서 에너지를 적게 쓰며 세금도 적게 내고 더 적은 생태발자국을 남긴다.

특히 미래에는 작은 집에서도 쾌적한 삶을 누릴 수 있게 된다. 그 비밀은 물질을 자유자재로 구성하는 나노기술인 클레이트로닉스에 있다. 클레이트로닉스가 보편화되면 집 안의 가구를 여러 가지 살 필요 없이 그때그때 필요한 가구로 바꿀 수 있게 된다. 대형 테이블이 필요에 따라 침대, 소파로 모양을 바꿀 수 있다. 의자는 개인에 맞게 즉시 성형되고 벽, 카펫, 천장, 문 및 기타 표면이 필요에 따라 개인이 원하는 색상이나 질감으로 변형된다. 가구가 많이 필요하지 않기 때문에 집이 작아도 생활에는 전혀 불편함이 없는 것이다.

미세먼지와 테러로부터 안전한 에너지장 빌리지

전통적으로 집은 인류에게 외부의 다양한 위험으로부터 지켜주고 안전과 휴식을 제공하는 역할을 해왔다. 미래의 주택 역시, 형태가 어떻게 변하든 그 역할만은 변하지 않을 것이다.

특히 2030년의 주거는 '기본소득'이 실현되면서 사람들에게는 건강하게 오래 사는 수명 연장이 가장 중요한 어젠다로 떠오를 것이다. 전 세계적으로 공기나 수질의 오염이 심화되는 미래에 그 가운데서도 공기 오염이 가장 심한 중국에 인접한 한국은 특히 이 공기를 해결할 만한 주거공간을 찾는다. 과학자들의 예측에 의하면 기후변화와 환경오염으로 2033년 중국의 폐 질환 사망자는 8,000만 명에 달할 것이라고 한다.

비단 공기 오염만이 아니다. 중금속 오염, 대량살상무기를 이용해 심화되는 테러 등으로부터 안전하게 살기 위해 단순히 '집'으로는 보호할 수 없는 위험이 늘어나게 된다.

이 대비책으로 미래에 등장하는 것이 거대한 에너지장power field 또는 energy field 돔이다. 에너지장의 원리는 영화 〈스타워즈Star Wars〉와 〈스타트렉Star Trek〉에 등장하는 빛나는 에너지 방어막 개념에서 시작되었으며, 2015년 3월 미 항공기 군수물자 공급업체인 보잉사가 기술 특허를 받으며 어느 정도 현실화되었다. 보잉사의 특허는 폭발 충격파를 막아주는 에너지장 폭발 충격파 방어막이다. 특허출원서는 이 기기가 적어도 충격파 경로에서 충격파의 일부를 반사하거나 굴절시키거나 흡수하는 또 다른 물질을 만들어내면서 외부 폭발에 의한 충격파 에너지 밀도를 줄여준다고 설명하고 있다. 이 방어막의 타깃은 사람과 차량이 폭발 발생지점 사이에 완충재 역할을 해 타깃에 도달하는 충격파를 막아준다.

이 기술은 충격파를 만들어내는 폭발 감지 센서와 센서신호를 받아 타깃 근처 공기를 이온화하는 아크 발생기 등으로 구성되어 있다. 아크 발생기가 레이저, 전기, 마이크로파를 사용해 타깃과 폭발 발생 지점 사이에 플라스마장plasma field 방어막을 만든다고 한다. 플라즈마 장은 주변 환경과 다른 온도, 밀도를 조성해 충격파를 반사, 굴절, 흡수하면서 타깃과 폭발 발생지점 사이에 완충작용을 제공해 충격파 피해를 막아준다.

이 방어막은 공기를 가열해 이온화하는 방식이기 때문에 장시간 형태를 유지하는 방어막을 만들 수는 없다. 따라서 주거를 위한 에너지 돔을 만드는 데는 무리가 있다. 하지만 이 같은 돔 형태를 유지하는 에너지 방어막도 기술적으로 가능한 것으로 알려지고 있다. 보도에 따르면 2014년 미국의 한 대학 물리학과 학생들이 전자기장 플라즈마 방어막을 설치할 수 있다는 사실을 발견했다. 에너지장을 더욱 발전시켜서 거대한 돔 형태로 만들어 그 안에 마을이나 도시를 건설함으로써 주민들을 안전하게 지켜주는 기술로 발전한 것이 기대된다.

한편 에너지장은 외부의 충격으로부터 안전한 삶을 유지해주는 것 외에 내부에서 발현되는 질병에도 효과적인 대책이 될 것으로 보인다. 인체는 에너지의 발현이므로 에너지장의 부조화는 몸에 질병을 유발한다. 인간의 에너지장 밸런스가 무너지면 몸도 밸런스가 무너진다. 미래의 주거는 이 거대한 에너지장, 즉 둥근 텐트 같은 돔 형태의 에너지장으로 보호되는 공간이 될 것이다. 심지어 기술이 더 발전하면 특정 공간에 형성하는 에너지 돔을 인간의 육체를 에너지장으로 형성해 보호할 수도 있게 될 것이다.

지속 가능한
미래 주택의 시작

온난화로 인한 기후변화와 환경오염은 미래 주거의 가장 큰 위험 중에 하나이며, 주택은 이로부터 인류를 지켜줄 방향으로 진화해나 갈 것이다. ICT 전문매체 〈기즈맥Gizmag: 현재 뉴 아틀라스로 개명〉이 가장 혁신 적이며 지속 가능한 10대 주택을 선정했다. 집의 구조와 실제 어떤 영향을 미치는지는 측정하기 어렵지만 지속 가능한 기술 및 주변 환경을 보고 기후변화에 미치는 영향과 에너지 지출을 최소화한 주택을 기준으로 선정했다. 지속 가능한 건물은 주변 환경과 조화를 이루며 신재생에너지를 사용하도록 설계하고 그 효율성을 높이며, 모든 면에서 기후변화에 대안이 되는 요건들을 충족해야 한다.

폐기물 하우스는 지속 가능한 건설 프로젝트로 영국 브라이턴대학교에 건설된 집이다. 이름에서 알 수 있듯이 시작품인 이 주택은 모두 버려진 폐기물로 만든 것이다. 폐기물 하우스의 재료 약 90%

가 실제 폐기물로 구성되었다. 주택 외관을 입히는 데 칫솔 2만 개, DVD 4,000개, 플로피디스크 2,000개, 카펫 타일 2,000개 등 가정 및 건설 폐기물을 재활용했다. "사람이 실제로 살고 있지는 않지만 이 건물은 놀라운 성과 중 하나"라고 건축 담당자는 말한다. "미래에는 폐기물이 극적으로 줄거나 사라질 수도 있다. 모든 것을 재활용해 사용하면 되기 때문이다. 필요 없는 물건은 쓰레기가 아니라 단지 잘못된 장소에 있을 뿐이다."

베트남의 한 건축가는 아주 싼 재료로 집을 만든다. 'S하우스'라 불리는 이 주택은 미화 4,000달러에 건축 가능하다. 주택 내장재는 야자나무의 잎, 대나무를 포함한 자연의 다양한 재료를 사용한다. S하우스의 내부는 하나의 큰 실내 공간으로 매우 기초적인 수준이고 약 30m²의 넓은 공간으로 되어 있다. 건물은 조립식이며 지역의 업체가 쉽게 전송할 수 있는 여러 개의 작은 조각으로 분해할 수 있다.

샌프란시스코의 푸저롱Fougeron 건축은 바닷가에 접한 건축물들이 해풍에 부식되는 것을 막고 에너지 효율적인 창문을 갖추어 에어컨의 사용을 줄이는 등 친환경 요소를 갖춘 그린하우스를 선보였다.

한편 ZEB 파일럿 하우스는 노르웨이의 건축 기업 스노헤타Snøhetta가 다양한 실험을 하는 건축물로, 태양광 패널이 집에 필요한 용량의 거의 3배에 가까운 전기를 생산하며 전기차까지 충전해 사용할 수 있는 에너지 자립형 건축물이다. 그 밖에도 우수 처리 및 저장 시스템, 효율적인 열교환을 포함한 지속 가능한 주방 싱크대 기능 등을 갖추고 에너지 효율성이 얼마나 효율적인지 확인하기 위해 모니터링되고 있다.

　프랑스 건축기업 멀티포드Multipod의 팝업하우스는 4일 만에 레고를 쌓듯 집을 지을 수 있다. 약 3만 유로에 집을 지어주는 목표를 세우고 조립식 팝업하우스를 시작품으로 만들었다. 따뜻한 남부 프랑스에서에 위치할 주택들로 만들어진 팝업하우스는 열을 보존해 따뜻함을 유지해준다.

　뉴욕에서는 100년 이상 된 기존 가옥을 에너지 효율적으로 리모델링해 패시브 하우스passive house: 첨단 단열공법을 이용해 에너지의 낭비를 최소화한 건축물로 인증받았다.

2050년 지능형 건물로 도시 풍경 변화

21세기 전반기에 급증하는 도시는 환경, 건강, 그 밖의 인프라에 대한 심각한 문제를 제기한다. 전 세계적으로 전례없이 늘어나는 대도시 지역의 비대화는 도시계획에 대한 첨단 기술의 필요성과 지능형 도시에 대한 요구를 급증시켰다.

미래 건축에서 가장 중요한 트렌드는 자원, 물, 쓰레기 등의 자급자족이다. 2050년 부족한 자원, 심화된 환경오염 등으로 인해 친환경적이고 자원을 재활용하는 기술이 중요해진다. 또 일반적으로 농촌이 거의 도시화되면서 전통적 농업이 불가능해진 탓에 도시농업으로 식량과 물을 제공하는 시스템으로 재구성된다.

건물에 필요한 모든 제품은 3D 프린터로 자급자족하며, 빗물과 안개를 수집해 물을 공급하고 에너지는 일반적으로 태양광이나 풍력 터빈으로 자체 생산해낸다. 이런 모든 시스템은 미관을 손상하지 않도록 건물 디자인에 완벽하게 융합된다. 태양광 발전은 창이나 건물 외벽에 태양광을 축적하는 필름을 붙이거나 표면에 특수 페인트를 칠해서 집광한다. 심지어 공원도 건물 안으로 들어와 새와 작은 동물들이 거주할 지역이 만들지는 등 건축물이 매우 친환경적으로 완성된다. 외벽에 식물을 심어 자체적으로 공기를 정화하고 이산화탄소를 필터링하는 기술도 적용된다. 거의 모든 것이 자급자족되는 건축물은 거주하는 사람들로 하여금 도시를 떠날 필요가 없게 만들어 그 자체가 하나의 도시가 된다.

기후변화와 자원 고갈로 도시 역시 진화할 수밖에 없다. 심지어 계엄령을 내려 도시환경을 강제로 변화시키는 국가도 등장할 것이다.

7

메가시티의
등장

집중화하고 강력해지는
미래 도시

미래에 증가되는 인구 대부분은 개발도상국의 도시 지역에서 나타날 것이다. 2050년에는 67%의 인구가 도시에 거주하며 현재 지구의 토지 면적에서 도시가 차지하는 비율인 2%는 2배인 4%로 증가할 것이다.

인구 1,000만 명 이상으로 생활 및 경제가 독립적으로 이루어지는 메가시티가 더 많이 나타나고 슬럼과 같은 임시 거주지 역시 증가할 것이다. 그에 따라 도시 공간의 효율적이고 지속 가능한 사용, 재사용, 다목적 사용에 대한 압력도 커질 것이다.

'그린' 개념은 '스마트' 개념을 포함하게 되어 디지털 도시, 상품과 기술이 합쳐질 것이다. 2050년의 인프라는 도시와 도시가 가진 중요한 인프라 시스템의 탄력성을 강화하는 쪽으로 변할 것이다. 도시들은 국경을 초월해 더욱 강력한 힘을 갖게 된다. 도시의 수입은 증가하고 연구개발 투자, 혁신, 고등교육 분야에서 더 강력한 역할을 할 것이다.

빈곤 문제

2025년까지 세계에는 1,000만 명의 인구를 가진 메가시티가 27개로 늘어난다. 보안전문가 P. H. 리오타P. H. Liotta와 제임스 F. 미스켈James F. Miskel은 그들의 저서 《인구폭발The Real Population Bomb》에서 진정한 인구 문제는 세계 인구 자체의 증가가 아니며 급속하게 진행되는 도시화라고 주장한다. 북아프리카의 메가시티, 중동이나 동남아, 중국, 인도네시아의 메가시티들은 이미 심각한 빈곤을 겪고 있으며, 앞으로도 빈곤과 더불어 환경오염으로 고통받게 된다. 더구나 이들 지역은 안보 인프라가 불안해 테러나 범죄의 소굴이 될 수 있다.

일자리 창출

일부 미래학자들은 2100년까지 전 세계 인구가 약 100억 명으로 증가할 것이라고 한다. 그중 70%가 도시에 거주하게 된다. 농촌 인구까지 도시 거주지로 이동하게 되는데, 이들은 새로운 기구나 제도, 시스템 및 새로운 규칙과 생활방식의 변화로 고통받는다. 이들이 모여드는 슬럼이 오히려 불안을 해소해주며, 삶의 방식을 알려주고 성공적으로 적응하도록 도와주는 곳으로 변한다. 슬럼 연구가 에릭 미드Eric Meade는 빈민가의 문제를 신도시 이주로 해결하는 대신에 비정부기구non governmental organization, NGO: 권력이나 이윤을 추구하지 않고 인간의 가치를 옹호하며 시민사회의 공공성을 지향, 활동하는 시민사회단체들이 다양한 교육 프로그램을 개발해 해결하려 할 것이라고 말한다. 또 사람이 모이는 곳에 필요한 전기, 수도, 의료 및 위생에 관련된 서비스를 개발해 이곳에서 많은 일자리가 창출될 것이라고 예측했다.

마이크로시티

노마드 사회가 오면서 메가시티 주변에 마이크로시티가 성장하게 된다. 스마트워킹의 대중화로 재택근무가 늘어나면서 사람들은 원하는 곳에 살면서 일할 수 있게 된다. 그 결과 대도시의 편리함을 갖고 있으면서 소도시의 느낌도 동시에 얻을 수 있는 마이크로시티가 점점 더 인기를 끄는 것이다. 미국의 대도시 주변에 위치한 파고, 시러큐스, 로어노크 등이 대표적 마이크로시티로 붐을 일으키고 있는 것을 보아도 알 수 있다. 대도시의 편의시설이 존재하고 작은 마을의 느낌을 주는 곳을 주목해야 할 것이다.

녹색주택 붐

미국의 주택 구매자는 갈수록 에너지 효율성이 높고 지속 가능한 소재를 사용한 주택을 선호하는 추세이며, 현재 주택을 소유한 이들도 이처럼 구조를 변경하고 있다. 미국의 국립주택건설협회National Association of Home Builders는 녹색주택이 2011년 주택건설 시장의 17%를 차지했으며, 2016년에는 38%로 증가하는 등 지속적으로 늘어날 것이라고 전망했다. 이런 현상이 건설업체의 수익을 5배 증가시켜줄 것이다.

달 거주지

인간이 살 수 있고 경제성 있는 주거지를 10년 안에 달에 건설할 수 있을 것으로 보인다. 조지프 N. 펠턴Joseph N. Pelton은 '달에서 에덴동산 찾기Finding Eden on the Moon'라는 기사를 통해 달에서 달의 자원으로 인간에게 필요한 제품을 직접 만들게 된다고 말한다. 예를 들어 인공위성을 달에서 제조해 원하는 지구 궤도에 올릴 수 있다. 이 방법은 지구에서 인공위성을 만들어 로켓을 쏴서 궤도에 올리는 것보다 훨씬 적은 비용으로 가능하다. 달의 인간 거주지는 20~30년 안에 이익을 낼 것이며, 장기적으로는 거대한 생산 공장으로 발전해 엄청난 경제적 이익을 가져다줄 것이다.

우주엘리베이터

우주엘리베이터가 사람이나 자재를 지구에서 우주궤도까지 싣고 올라갈 것이다. 조지프 N. 펠턴은 우주엘리베이터가 달이나 우주에 식민지를 건설하기 위해 반드시 필요한 교통수단이 될 것이라고 말한다. 일단 우주궤도에 올려놓으면 중력의 영향을 거의 받지 않게 된다. 따라서 그곳에서 아주 소량의 에너지로도 달이나 화성 또는 다른 우주공간으로 날아갈 수 있다.

지능형 빌딩이
도시의 삶을 바꾼다

21세기 전반기에 급증하는 도시 인구는 많은 도시의 환경, 건강 및 인프라에 심각한 문제를 일으킨다. 특히 새롭게 선진국이 된 도시 중심부는 오염되고 인구 밀도가 높아지며 만성적으로 비효율적이 된다. 전 세계적으로 대도시 지역은 전례가 없는 규모로 커졌으며 도시 계획 입안자들이 상황에 맞추도록 엄청난 압박을 받고 있다.

기후변화가 심화되고 자원이 고갈되면서 도시는 진화하거나 사라질 수밖에 없다. 그리고 다수의 도시는 제때 변화하지 못할 가능성이 높다.

미래 건축에서 가장 중요한 요소는 자급자족이다. 2050년 환경오염과 자원 고갈이 심각해져 사람들은 생산과 소비를 근본적으로 재고해야 할 필요가 생긴다. 고층빌딩 내부에서 음식, 물 및 기타 자원을 생산하고 소비하게 되는 것이다. 음식을 제공하는 농장은 목적에 관계없이 빌딩의 여러 층으로 이루어지며, 비와 안개 등의 물방울은 끊임없이 모여 저장된다. 어디서나 이용할 수 있도록 3D 프린터가 설치되어 가구, 개인 운송수단, 건물의 부품 교체에 이르기까지 모든 것을 제조한다. 에너지는 일반적으로 태양광 발전과 풍력 터빈에 의해 제공된다. 이 모든 것이 건축물 설계에 완벽하게 통합되어서, 외관의 미도 해치지 않는다. 예를 들어, 태양광 에너지를 모으기 위해 두꺼운 패널을 설치하는 대신 창유리나 외부 표면에 바른 특수한 광전지 페인트를 사용하는 것이다.

건축물에서는 자연이 강조된다. 많은 빌딩에는 공원이 조성되고, 도시의 전반적인 생물 다양성을 높이는 목표도 생기기 때문에 새를 비롯한 각종 동물들이 빌딩에서 함께 산다. 빌딩 외부는 식물로 덮이거나, 오염 물질을 걸러내고 이산화탄소를 포집하도록 설계된 특수 막으로 덮인다. 그뿐만 아니라 빌딩에 거주하는 사람과 동물에게 최적의 환경을 제공하기 위해 공기의 질은 물론 바람, 온도, 습도, 일사량을 자동 조절해준다.

미래의 메가시티는 도시 자체에 화석연료 제한 등 친환경 방침을 갖게 되는데, 이로 인해 교통수단 역시 제한이 생긴다. 이를 해결하기 위해 대부분의 빌딩 1층에는 자율주행자동차 및 자전거 주차 시설을 만들고 버스 및 기타 대중교통 정거장은 빌딩의 일부로 설계되어 건물 내부에 만들어진다. 이로써 도시 지역의 접근성과 침투성을 향상시키는 것이다.

에너지 역시 스마트 그리드 형태를 띠어 자체 생산해 자체 소비한다. 거의 모든 건물에서 앞서 말한 풍력과 태양광 에너지를 생산하며 이를 시스템으로 전송해 각 빌딩 간에 남거나 모자라는 에너지를 사고팔게 된다. 건물의 AI 시스템은 거주자의 다양한 요구에 따라 에너지를 조정하고 가장 사소한 세부 사항까지 고려해 총전력 소비를 낭비 없도록 조절한다. 또한 건물은 열 흡수와 반사를 제어해 균형을 맞춤으로써 도시의 열섬현상heat island을 크게 낮출 수 있다.

미래의 새로운 스마트 인프라는 도시 생활의 본질을 대폭 개선해 줄 것이다. 이 모델을 따르는 도시들은 훨씬 더 살기 좋고 깨끗하며 고 효율적인 생활을 누릴 것이다.

오래된 도시의
변신 프로젝트

약 80만 명의 인구를 가진 네덜란드의 수도 암스테르담은 '유럽 지식 경제도시'를 목표로 세우면서, 이를 통한 인구 유입이 15만 명에 달할 것으로 예측하고 있다. 암스테르담 시의회에 따르면 15만 명의 많은 주민은 지금부터 2040년까지 도시로 이주할 것이며, 이를 준비하기 위해 모든 것을 포괄하는 도시 마스터플랜을 개발하지 않는다면 경제적·사회적으로 도시에 큰 부담을 줄 수 있다. 암스테르담의 '유럽 지식 경제도시'는 메가시티는 아니지만, 도시의 거대화를 위한 준비를 한다는 측면에서는 좋은 사례가 될 수 있다.

암스테르담 시의회는 '암스테르담 2040 도시 마스터플랜Master Plan for a Smart City'을 개발하고 혁신 도시 디자인과 도로 회생 전략과 다양한 스마트 기술, 주민과 방문객들을 위해 편리한 이동성 옵션을 제공한다. 무엇보다 중요한 목표는 지역사회를 더 촘촘하게 만들

251

고 공간을 효율적으로 활용하며 교외로 상업, 주거지역을 확장하는
것이다.

조밀화, 재개발 및 재용도 공간

낙후된 도시 지역의 재개발은 오늘날 전 세계 도시에서 일반적이
지만 암스테르담이 계획한 것처럼 큰 규모로 시도된 적은 없었다.
급속한 도시 성장을 위한 진보된 계획이라는 측면에서 '암스테르담
2040 도시 마스터플랜'의 결과는 모든 규모의 도시에 적절한 사례가
되어줄 것이다. 게다가 새로운 현대 건축물이 다수 들어서면서 네덜
란드의 수도를 전 세계 디자인 도시의 신전으로 승격시켜 지식산업
전문가와 사무실을 이전하려는 기업들을 유치할 수 있게 된다.

마스터플랜은 도시의 인구 증가를 수용하고 사용자경험을 향상시
킬 수 있도록 설계된 7개의 '공간 작업'을 설명하고 있다. 가장 중요한
것은 '촘촘함'이다.

총 7만 채의 새로운 주택을 학교, 상가 및 스포츠 시설을 포함한
인프라와 함께 제안한다. 효율적인 토지 이용 및 다목적 건물 건설을
중심으로 우선순위를 둔다. 토지 이용을 최대화시키는 방법의 하나
는 상업지구를 암스테르담의 항만 도시처럼 복합 주거 및 상업 지역
으로 재개발하는 것이다. 2030년까지 해안가 시설은 1만 9,000개의
새로운 주거 및 상업 해상 활동을 통합한 비즈니스 관련 시설이 될
것이다.

하지만 순환도로 안의 많은 지자체는 대부분 자급자족 커뮤니티로 만들어져 존재해왔기 때문에 암스테르담을 확장한다는 이 계획은 새로운 도전이 된다. 따라서 '암스테르담 2040 도시 마스터플랜'은 각 지자체를 연결하는 것이 중요하다.

이를 위해 시의회는 주요 연결 동맥을 따라 인프라에 투자하고 있다. 2040년 마스터플랜에는 '주요 거리는 상점과 음식 서비스의 질과 다양성을 높이고 건물과 거리 수준을 개선함으로써 더욱 향상된다는 내용'이 포함되어 있다.

'암스테르담 2040 도시 마스터플랜'은 또한 다음과 같은 내용이 포함된다.

- 인접한 지역사회를 연결하는 많은 공공 녹색공간
- 도시를 양분하는 IJ수로의 재개발
- 스히폴 공항 근처 중앙 암스테르담의 남쪽지구 쥐다스의 지속적인 성장
- 2028년 하계 올림픽을 개최지 후보인 두 도시의 설계옵션

렘 콜하스Rem Koolhaas가 새로운 암스테르담 RAI 호텔을 설계하며, 그 밖에도 최고의 건축가들이 쥐다스에서 미래의 스마트 도시를 구축한다.

암스테르담이 교통을 연결하는 방법

다른 도시를 연결하는 암스테르담의 '대도시 계획'은 도보, 자전거, 대중교통 노선의 전체적인 재검토와 새로운 스마트 시스템을 채택하고자 하는 지역과 방문객들 간에 사고방식의 변화를 필요로 한다. 그러므로 건설 비전 '암스테르담 2040 도시 마스터플랜'은 가능한 한 자동차 교통량을 줄이기 위해 대중교통 노선의 개발과 자전거도로 개발의 필요성을 강조한다. 또 대중교통을 갈아타는 시스템이 부족해 철도와 버스의 환승 네트워크 구축이 포함되어 있다.

특히 암스테르담의 남쪽 측면이 대규모 프로젝트다. 이는 스히폴 공항의 확장 때문인데, 쥐다스의 중심부에 개발 중인 기차역은 암스테르담을 네덜란드 및 서유럽의 많은 지역과 연결하는, 도시에서 두 번째로 큰 철도 운송의 중심지가 될 것이다.

한편 민간에서는 이동성 강화를 위한 다양한 수단이 개발되고 있다. 예를 들어 옐러Yeller는 택시를 공유하는 앱이며, 위고WeGo는 근처 자동차 소유자로부터 자동차를 빌릴 수 있는 P2Ppeer-to-peer 자동차 공유 플랫폼이다. 또 모비파크Mobypark는 주차장 공유 플랫폼으로, 실시간으로 주차 공간을 표시해주어 운전자가 정처 없이 거리를 배회하지 않기 때문에 자동차가 배출하는 배기가스도 줄어든다.

그 밖에 풍차, 태양광 패널 및 바이오매스 발전소에서 생성되는 녹색전력은 2040년까지 암스테르담의 모든 자동차 여행에 60~90%의 에너지를 공급하게 될 것이다.

254

도시 사용자 경험을 다시 생각하다

'암스테르담 스마트 시티 프로젝트'는 현존하는 가장 혁신적이고 포괄적인 도시 차원의 지속 가능성 플랫폼 중 하나다.

'암스테르담 2040 도시 마스터플랜'이 급성장하는 대도시의 '하드웨어' 개발을 보여준다면, 암스테르담 스마트 시티 프로젝트는 '소프트웨어'다. 현재 암스테르담 시의회에 의해 공식화된 스마트 시티 이니셔티브를 보면 100개 이상의 지방 자치 단체, 기업, 거주자 및 학술 기관이 현재까지 75개 이상의 스마트 시티 프로젝트에 참여하고 있다.

이동성, 경제, 주거 생활, 사회 복지 및 장소 결정을 포함하는 5개의 항목으로 만들어진 프로젝트는 서로 통합되어 가장 효율적인 도시 사용자 경험을 창출하도록 설계되어 있다. '암스테르담 스마트 시티 프로젝트'는 세계 최초로 3D 프린팅되는 운하의 주택에서부터 암스테르담 북부 산업도시의 재개발 집까지 다양하다. 또 다른 사례인 시티-젠City-Zen 파일럿 프로그램은 지속 가능성을 주제로 가상 게임 네트워크와 이웃 공유 네트워크를 개발한다. 이곳에서 주민들이 잉여 녹색 에너지를 서로 교환할 수 있다.

암스테르담 스마트 시티 프로젝트는는 또한 '스마트 시민' 프로그램을 통해 지역사회에서 데이터를 수집한다. 주민들은 저렴한 센서를 구입해 도시의 공개 데이터 프로그램은 물론 대기 오염 및 소음 수준을 공유할 수 있다. 또 도시와 지식 공유에 직접 관여하고 지속 가능성 문제를 더 잘 인식할 수 있기 때문에 스스로 자전거를 타거나 대중교통을 이용하도록 하는 데 영감을 준다. 암스테르담의 스마트 도시 개발은 혁신 도시 마스터플랜을 현실로 만드는 과정에서 스마트한 시민들의 참여가 가장 중요하다.

미래도시의 모델
중국 스마트 에코시티

중국 정부는 톈진에 생태도시를 만들어 다양한 주민들이 지켜야 할 의무를 제시했다. 그 도시에 거주하면 약 4%의 도시농업 또는 실내농업을 해야 하며, 폐기물의 60%를 재활용하고, 탄소 배출의 수준을 지켜야 한다. 에너지의 20%는 신재생에너지를 사용해야 하고 도시 전체에 장애인시설을 설치해 배리어 프리barrier free 100%를 실현해야 하며, 교통수단은 90% 대중교통을 이용해야 하는 의무 등이 있다.

미래의 도시는 인간이 독창적으로 기후변화를 해결하고 스마트 그린 솔루션을 구현하는 방법을 보여주어야 한다. 전 세계 온실가스 배출량의 80%를 차지하는 대도시들이 기후변화에 공동 대응한다는 취지로 온실가스 감축 방안을 마련하기 위해 시작된 C40 기후 리더십 그룹C40 Climate Leadership Group은 지구촌의 최대 도시 69개가 모여서

257

기후변화 대안을 내놓고 도시를 살리며 서로 협력하자는 모임이다. 2005년에 시작되었으며, 한국의 서울도 포함되어 있다. 구체적으로는 거대 도시들이 극단적인 기상 현상을 견딜 수 있도록 인프라를 강화하고, 시가지를 살기 좋은 장소로 만들며, 자동차 의존도를 줄이고, 대중교통의 개발에 초점을 맞추자는 공동 목표를 설정하고 있다.

거대 도시 모임인 C40은 도시의 구조나 설정을 특정 목적에 맞춰 변경하려는 시도로, 전 세계적으로 공유되는 기술과 효율성을 위한 디자인 등 새로운 수단과 방법을 웹사이트를 통해 알려준다. 그 방법의 하나가 톈진에 만드는 에코시티로, 베이징에서 150km 떨어진 곳에 위치하며 30km² 규모의 땅에 조성된다.

합작으로 진행되는 이 톈진 에코시티는 '사회적으로 조화롭고 효율적이며 환경친화적인 자원을 갖춘 지속 가능한 도시개발 모델'로서 세계 신도시의 모델과 비전이 될 것이다. 도시의 목표는 세 가지의 조화와 세 가지 문제 해결이다. 사회적, 경제적, 환경적 조화와 경제성, 지속 가능성과 확장성 문제를 해결하는 것이다.

중국은 스마트 시티 프로젝트에 적용할 지표를 만들었는데, 톈진 에코시티도 이를 충족해야 한다. 하나는 2014년의 이산화황 배출목표인 310일 동안 아산화질소에 대한 국가배출 허용 수준을 초과하지 않는 공기의 품질 기준을 준수하는 것이다. 또 '미국 GDP국내총생산의 100만 달러 단위당 탄소배출량은 150톤을 초과할 수 없다'는 목표도 맞춘다. 현존하는 자연습지가 유지되어야 한다는 목표도 있다. 수질은 가장 엄격한 국가의 기준을 충족해서 가정에서 수돗물을 마실 수 있어야 한다. 건물에서 하는 실내농업 기준을 충족하며, 채소를 자급자족할 수 있도록 도시 농업을 실시해야 한다. 또 각 가구당 녹색공간을 주민당 최소 12m²를 보유해야 한다. 에코시티가 충족해야 하는 다른 기준은 다음과 같다.

- 사용되는 모든 에너지의 20%를 신재생, 태양광 및 지열에서 발전한다.
- 사용되는 물의 50%는 해수 담수화 및 오수 재활용으로 충당한다.
- 주택의 20%는 공개적으로 보조금을 지급한다.
- 도시의 100%가 장애인을 위한 배리어 프리를 실현한다.
- 폐기물의 60%를 재활용한다.
- 이동의 90%는 녹색 교통 즉 대중교통, 자전거 및 도보를 이용한다.

이 모든 조건을 수시로 검사해서 유지하기 때문에 톈진 에코시티는 관광과 교육의 장소로서도 기능할 것이다. 버스는 모두 전기차이며 대중교통은 무료로 제공된다. 빗물을 처리하는 시설과 배수는 오수처리 시설에서 정화해 재사용된다. 도로포장은 효율적인 배수를 위해 모래 벽돌을 사용한다.

톈진 에코시티의 유일한 문제는 인구 부족이다. 지금 거주하는 2만 명의 18배에 달하는 35만 명의 주민이 거주하도록 설계된 도시다. 중국 정부는 이 도시를 다른 도시의 모델로 만들고 싶어한다. 2030

년 중국의 198개 도시가 스모그에 시달리고 오염된 지하수가 범람한다는 예측 때문이다. 그런데 현재의 대도시들이 아무리 노력해도 재생이 불가능한 도시가 될 수도 있다는 우려가 있다. 2030년 스모그와 폐수로 뒤덮인 도시에서 거주할 중국 인구수가 10억 명으로, 농촌에서 도시로 유입되는 인구가 급증할 것으로 예상되기 때문이다. 이런 미래가 올 경우 삶의 질이 악화하는 것은 물론, 각종 질병으로 평균수명이 짧아지며 경제 역시 악화해 정부에 대한 불만이 내부 폭동으로 이어질 수도 있다. 이에 대한 대책으로 중국 정부는 에코시티를 전국으로 확장할 계획이다.

현재는 호응이 미미할지라도 중국에서 에코시티는 결국 성공할 수밖에 없고 또 중국 정부는 이를 성공시켜야만 한다. 그 이유는 2007년에 이미 중국 대도시가 수은, DDT dichloro-diphenyl-trichloroethane: 유기염소 계열의 살충제, 폐수에 의해 극도로 오염되었다는 통계가 나왔고, 또 오염된 땅에 소금이 많이 포함되어 아무것도 생산되지 않는 등 심각한 환경오염 현상이 나타나기 시작했기 때문이다. 살아남기 위해서는 변화하는 수밖에 선택의 여지가 없다.

도시의 역할과 기능이 확장된다

미래의 도시는 스마트하고 친환경적이며 서로 연결된 혁신의 허브다.

약 1만 년 전에 인류 최초의 도시가 등장하기 시작한 이래 인류는 먼 길을 왔다. 오늘날 뉴욕, 도쿄, 두바이 같은 도시들은 혁신과 인류 발전의 중심지다. 전 세계적으로 도시 프로젝트들은 엔지니어링과 디자인, 건축학의 한계를 넘어서고 있다. 기하급수적으로 발전하는 기술들이 인류 문명의 핵심에 통합되고 있으며, 무엇보다 우리는 인류에 대한 긍정적인 비전을 가진 미래 사회의 출현을 목격하고 있다.

두바이의 팜 아일랜드 인공섬에서 중국의 상하이타워에 이르기까지 각 도시에는 세계에서 가장 인상적인 공학적 업적이 있다. 세계의 도시들은 더 높은 빌딩, 더 빠른 운송 시스템, 더 깨끗한 에너지원을 가지고 서로 경쟁을 계속하고 있다.

3D 프린트 건축

기하급수적 기술은 인프라의 미래에 혁명을 일으키고 그 과정에서 건설 산업을 붕괴시킨다. 두바이는 최근 최초로 3D 프린터로 제작된 사무실 건물을 개관한다고 발표했고 암스테르담에서는 최초의 3D 프린터로 세운 교량이 제작되고 있다.

3D 프린팅은 편리함, 혁신적인 디자인 기능, 폐기물 감소를 가져와 건설비용과 인프라를 획기적으로 줄인다. 미국을 포함한 많은 국가에서 더 나은 인프라를 구축하기 위한 자금 조달이 점차 힘들어지는 상황에서 3D 프린팅 기술은 상당한 도움이 될 것이다.

도시 경관을 변화시킬 또 다른 중요한 요소는 IoT의 등장이다. 도시 전역에 퍼져 있는 시스템은 무선 신호를 사용해 조명, 쓰레기통, 심지어 건물 전체를 통해 데이터를 수집한다. 암스테르담에서는 시민들에 의한 크라우드소싱만으로 이루어진 '사물네트워크The Things Network를 구현할 예정이며 타이베이와 브라질리아도 신흥 스마트 도시를 목표로 하고 있다.

스마트 도시는 가히 혁명적이다. IBM과 시스코와 같은 대기업들은 도시 계획, 교통, 에너지, 법 집행 등을 위한 데이터 중심 시스템을 개발하고 있다. 바르셀로나에서는 스마트 수도 계량기를 사용해 연간 5,800만 달러의 비용을 절감했다. 이러한 데이터 중심 기술이 세계의 모든 도시에 적용된다면 그 잠재력은 상상 이상이다. 도시 행정 당국은 효율적인 에너지 사용, 최적의 운송 및 최소한의 오염 수준을 계획할 수 있을 것이다.

하지만 정보의 과잉으로 인한 개인정보와 자율성에 대한 우려가 많은 것도 사실이다. 도시 빅데이터는 공식적인 도시 의사 결정과 정치인이 시민과의 상호작용 방법을 확실히 변화시킨다. 도시 빅데이터는 기본적으로 시민들의 삶을 개선하기 위한 용도로도 사용되지만 민간조직과 마케팅 에이전시에게도 유용하게 사용될 것이다.

이동성의 증가

한편 기술의 부상으로 인해 이동성도 증가한다. 이미 여러 가지 자율운행자동차 시작품이 캘리포니아주에서 테스트되고 있으며 자율운송 포드가 탄소 제로 도시를 표방하고 있는 아부다비의 마스다르시티Masdar City에서 운영되고 있다. 전 세계의 주요 도시 안에서, 그리고 도시 간 이동성의 확대가 예상된다. 가장 기대되는 프로젝트 중 하나는 일론 머스크가 주창한 하이퍼루프다. 아랍에미리트에서 서로 120km 떨어진 아부다비와 두바이를 여행하는 데 시속 800km에 이르는 하이퍼루프라면 20분 이내에 주파한다.

도시 간의 연결성 증가는 물리적 이동성 문제뿐만 아니라 디지털 인식의 문제이기도 하다. MIT 도시연구학부의 데니스 프렌치맨Dennis Frenchman은 "디지털 기술은 지구를 신경계로 만들었다"고 말하며 "우리는 중국의 고통을 실제로 느낄 수 있으며, 이것은 지금껏 존재하지 않았던 의식과 상호 의존 수준"이라고 덧붙였다. 세계의 도시들이 물리적으로나 디지털적으로 상호 연관성이 커지고 있음은 분명하다.

더욱 친환경적인 미래

기후변화가 인류에 대한 위협이 되고 있으며 인류는 중대한 결정을 앞두고 있다. 여러 도시들은 지속 가능한 인프라, 청정 운송, 재생 가능한 에너지원에 관련된 여러 가지 솔루션을 통합하고 있다.

재생 에너지 분야에서 태양광 발전 원가는 전례 없는 수준으로 떨어지고 있다. 태양광 패널 가격은 매년 10%씩 하락한다. 일부 국가에서는 풍력 에너지가 석탄보다 저렴하다. 많은 도시에서 재생에너지를 받아들이고 이를 도시 계획에 통합하고 있다. 세계에서 가장 환경친화적인 도시라고 할 수 있는 코펜하겐은 2025년까지 탄소 중립 도시를 목표로 하며, 다른 주요 도시들도 그 발자취를 따라갈 것이다.

아부다비의 마스다르 시티는 총면적 6km², 상주인구 5만 명을 기준으로 세계 최초의 탄소 제로, 무공해 및 자동차 제로 도시로 계획된 친환경 도시다. 도시 안에 설치된 태양광 및 태양열 발전소를 통해 총 12MW의 전력을 공급받으며, 건축물과 기타 인프라를 구축할 때 에너지 효율을 극대화하도록 설계했다. 2025년 완공을 목표로 하고 있으며, 현재 1단계 건설이 완료되었다. 마스다르 시티의 주목할 만한 특징 중 하나는 45m 높이의 바람 타워를 이용해 온도를 다른 지역 평균인 35℃에서 20℃까지 낮추는 것이다. 이는 기후 조절 도시로 나아가는 첫 단계다. 이 도시는 또한 혁신적인 청정기술 기업과 청정에너지 연구 시설의 허브가 되도록 설계되었다.

도시의 '녹화'는 수직농장의 등장으로 주도되고 있다. 이 수직농장으로 심미적으로 아름다울 뿐 아니라 토지 부족이라는 결정적인 문제를 해결한다. 2050년까지 세계 인구의 3분의 2가 도시에 살게 되며 인구 역시 계속 증가함에 따라 식량을 공급하기 위해서는 더 많은 토지가 필요해진다.

수직농업은 작물 생산량 증가와 에너지의 지속 가능성이라는 장점을 가지고 있으므로 도시가 지속적으로 성장할 수 있는 해결책이 된다. 뉴욕과 파리, 뱅갈루루를 비롯한 전 세계 많은 지방자치단체의 개발자들은 도시에서 이루어지는 수직농업 프로젝트에 많은 관심을 표명하고 있다.

도시의 역할

도시는 개발의 중심지다. 기술 성장으로 삶의 질이 향상되고 자원에 대한 접근성과 연결성의 확대로 인해 혁신은 가속된다. 이러한 혁신은 단순히 기술적인 것이 아니라 사회적인 것이다. 여러 연구에 따르면 크고 인구 밀도가 높고 풍요로운 도시들이 더욱 관용적이라는 사실이 밝혀졌다.

도시는 이민자와 예술가 및 연구기관을 가장 환영하는 장소로 알려져 있다. 샌디에이고에서 런던에 이르는 여러 도시들은 일자리를 창출하고 경제를 향상시키며 혁신의 문화를 지역사회에 통합하고 있다.

무엇보다도 도시는 물리학의 법칙이 가능하다는 것을 보여준다. 도시들은 창의적, 기술적, 사회적인 모든 영역에서 인류 진보의 경계를 계속 넓히고 있다. 인류 진보의 경계를 넓히는 것은 시민들의 사고방식에 중대한 영향을 미친다.

아랍에미리트 부통령 겸 국무총리이자 두바이의 통치자인 세이크 함단 빈 모하메드 빈 라시드 알 막툼Sheikh Hamdan bin Mohammed bin Rashid Al Maktoum은 이렇게 말했다. "미래는 상상하고 설계하고 실행할 수 있는 사람들에게 속한다. 미래는 기다리는 것이 아니라 창조하는 것이다."

266

3D 프린팅으로 만들어지는 메가시티

1962년에서 1963년 사이에 방영된 미국의 애니메이션 시트콤 〈젯슨 가족The Jetsons〉은 100년 뒤의 미래를 상상해 보여주면서 큰 인기를 얻었다. 때로 SF에 등장했던 것들은 후일에 현실로 나타난다. 젯슨 가족에서는 3D 프린팅, 태블릿, 홀로그램, 스마트워치, 비행자동차 등의 이상한 발명품들을 선보였다. 비행자동차는 아직 현실화되지 못했지만, 유사한 기술로 배달 시장을 노리는 드론이 한창 테스트 중이다.

〈젯슨 가족〉에서는 아스파라거스에서 스트로가노프 수프시큼한 크림소스에 고기를 넣어 뜨겁게 먹는 음식에 이르는 모든 것을 만들어낼 수 있는 음식 복제기도 나온다. 스페인의 푸디니Foodini 사에서는 반죽이나 페이스트를 넣어 다양한 종류의 파스타와 빵을 만들 수 있는 3D 음식 프린터를 개발했다. 보통의 3D 음식 프린터들은 음식의 재료가 프린터 안에 장착되는 반면, 푸디니는 재료를 프린터 안의 캡슐에 채워 넣는 방식을 사용하고 있다. 3D 시스템즈3D Systems는 글로벌 초콜릿 제조사인 허쉬Hershey와 협력해 초콜릿 3D 프린터인 코코젯Cocojet을 개발했다. 이처럼 버튼만 누르면 요리와 디저트가 3D 프린트되는 기술은 이미 현실화되고 있다.

세계적인 기술, 공학, 제조회사인 아르코닉Arconic의 엔지니어들은 〈젯슨 가족〉 세상을 현실세계로 가져올 수 있기를 기대하고 있다. 다빈치 연구소DaVinci Institute의 선임 미래학자인 토머스 프레이는 "3D 프린팅 방식으로 벽을 세울 수 있으면 더 이상 평평한 벽을 고집할 필요가 없다"며 "오늘날과는 전혀 다른 새로운 형태의 구조가 생겨난다"고 말했다.

버튼을 누르는 것만으로 거대한 도시가 만들어질 수 있다면 어떻게 될까? 아직은 현실화가 요원한 기술로 보이지만 두바이에 위치한 스타트업인 카자Cazza는 이러한 기술을 개발하기 위해 노력하고 있다. 카자는 하루에 200m^{2}의 콘크리트를 쌓을 수 있는 3D 프린팅 크레인 미니탱크를 개발했다. 이는 일반 건축기법보다 1.5배 이상 빠른 속도다. 20대의 젊은 경영자 크리스 켈시Chris Kelsey는 페르난도 데 로스 리오스Fernando De Los Rios와 함께 2016년에 카자를 창업했다.

카자보다 먼저 3D 프린팅을 건설업에 적용한 중국 기업 원선은 2014년에 3D 프린터로 1층짜리 콘크리트 주택을 하루 만에 건설하는 데 성공한 바 있다. 카자는 원선과의 차별성으로 '이동성'을 내세우고 있다. 카자의 건설용 3D프린터는 건설현장으로 이동 가능하다.

켈시는 "지금까지 여러 회사들이 현장 프린팅을 하지 못한 이유는 필요한 모든 요인을 갖춘 기계를 개발하는 것이 어려웠기 때문"이라며 "여러 회사들이 콘크리트 구조물을 3D 프린팅하는 동영상을 쉽게 볼 수 있지만, 대부분 그런 기계들은 실제 건축에 사용될 만큼 크지 않다"고 설명했다. 윈선과 카자를 비롯해 많은 기업들이 건축에 쓰이는 대형 3D 프린터를 만들면서 이 또한 현실화되고 있다.

홍콩과학기술대학교의 잭 쳉Jack Cheng 교수는 도시 전체를 프린트하는 것도 가능하다며, 속도의 문제일 뿐이라고 주장했다.

〈내셔널 포스트National Post〉는 샌프란시스코의 스타트업인 아피스 코어Apis Cor가 1만 달러의 비용으로 24시간 이내에 집을 3D 프린트해준다고 말했다. 이 놀라운 기술은 빈곤한 국가에 주택을 공급할 수 있는 방법이 될 수 있다. 아피스 코어는 자사 블로그를 통해 37m²의 주택을 1만 달러의 비용으로 건설할 수 있다고 발표했다.

아피스 코어가 건축에 사용하는 3D 프린터는 높이 3.1m, 길이 5m, 무게 1,814kg으로, 건설용으로는 비교적 가볍고 작아서 건설 현장으로 쉽게 이동시켜 주택 건설을 할 수 있다. 그리고 기존의 방식으로는 만들기 힘들었던 곡면 형태의 벽 구조도 쉽게 만들 수 있다.

3D 프린팅 기술은 이미 우리 삶의 여러 분야를 바꾸어나가고 있다. 〈젯슨 가족〉이 살던 세상을 만드는 것은 시간문제다.

향후 10년 이내에 진행될
메가프로젝트들

미래의 주거지역은 국가 주도하에 10억 달러_{약 1조 1,500억 원} 규모의 거대 프로젝트로 완성될 것이다. 향후 10년 이내에 메가프로젝트들이 전 세계 GDP의 24%를 차지할 것으로 전망된다.

미래 주택 및 건축물의 트렌드는 기본적으로 다양성을 갖는다. 주택은 초고층의 거대하고 첨단기술을 갖춘 메가프로젝트 건축물과 동시에 $10\sim20m^2$의 타이니 하우스 등 노마드 라이프 스타일에 따라 최소한의 주거만 책임질 작은 이동식 주택들이 유행한다. 이런 현상이 심화되면 주택을 소유하기보다는 빌리거나 공유하게 되고 또 기본소득이 지급되는 미래에는 주택으로 인한 재테크에 관심이 사라져서 주택 소유의 종말이 올 수도 있다.

메가프로젝트 계획

아제르바이잔 수도 바쿠 남쪽 25km 지점 일대 인공 군도가 섬 50개에 걸쳐 구성되며, 여기에는 1,050m의 최고층 빌딩, 고급 호텔, 100만 명의 인구를 수용할 수 있는 아파트와 주택들이 들어설 예정이다. 이 섬들은 150개의 다리로 연결되며, 2022~2025년 완공을 목표로 단계별 프로젝트가 진행 중이고 총비용은 약 1,000억 달러가 들 것으로 예상된다.

카타르의 루자일 시티는 450억 달러 규모의 부동산 프로젝트, 20만 가구가 건설되며 2019년 완공될 예정이다.

그 밖에도 터키 이스탄불의 대규모 도시 리뉴얼 프로젝트, 사우디아라비아의 하람 성원Masjid al-Haram 재건축 역시 각각 1,000억 달러를 초과하는 메가프로젝트다. 하지만 이러한 프로젝트들조차 앞으로 10년 이내에 시작될 극적인 규모의 메가프로젝트에 비하면 수박 겉핥기에 불과하다. 메가프로젝트가 실현되는 데는 몇 가지 중요한 이유가 있다.

첫째, 메가시티로 향하는 권력의 이동이 일어나고 있다. 사람들이 농촌에서 도시 사회로 재배치되고 인구가 늘어나게 되면 교통, 수도, 하수도, 전력 등 성장하는 경제를 관리하기 위해 주요 인프라 개선이 필요해진다.

둘째, 경제의 순환이 이루어진다. 프로젝트에 포함되는 각종 인프라를 건설하기 위해 노동자들에게 지급되는 임금은 지역 경제를 개선하고 다른 메가프로젝트가 가능하도록 만든다.

셋째, 국가 자존심의 원천이 되고 성장하는 경제의 신분을 나타내는 상징이 된다. 국제적 인식이 향상됨에 따라 다른 나라들보다 뛰어나 보이고 인상적이고 싶은 욕망이 나타났는데 이를 메가프로젝트의 완성으로 충족할 수 있다.

넷째, 새로운 일자리를 제공한다. 기술이 발달할수록 우리는 전례없는 자동화로 인한 실업을 겪을 것이다. 메가프로젝트는 거대한 일자리 창출 프로젝트이기도 하다.

마지막으로, 메가프로젝트는 규모 자체와 프로젝트의 영향력으로 스스로를 담보한다. 다수의 프로젝트가 실증할 수 없는 주장과 결함이 있는 회계에 기반을 두고 있지만 프로젝트로 인한 파생 경제는 이를 결승선까지 달리도록 강력한 가속도를 부여한다. 메가프로젝트에는 터널, 교량, 댐, 고속도로, 공항, 병원, 고층빌딩, 크루즈 선, 풍력발전농장, 해저 석유생산시설, 입자가속기, 신규 도시 건설 등이 포함된다. 문제점 역시 적지 않지만 메가프로젝트들은 지속적으로 늘어나 미래 도시와 메가시티들을 규정하게 될 것이다.

메가프로젝트의 가치

옥스퍼드대학교 사이드경영대학원의 벤트 플라이버그Bent Flyvbjerg 교수는 현재 메가프로젝트들이 세계 GDP의 8%에 달한다고 한다. 10개중 9개의 메가프로젝트들은 비용이 초과되고 건설 기간도 당초 예상보다 길어지기는 하지만 이 프로젝트들은 오늘날 세계 경제에서 상당한 부분을 차지하고 있다. 플라이버그 교수는 프로젝트 리더들이 수입은 과장하고 비용은 과소평가하며 책임성의 부재와 위험성 분산 메커니즘 때문에 미래의 사회적 경제적 편익은 과장하는 경향이 있다고 덧붙였다.

그러나 잘못되더라도 사람들은 일반적으로 신경 쓰지 않으며, 심지어 형편없는 비용편익분석, 공사 기간 중의 예산 낭비, 정치적 논쟁에도 관심이 없다. 사람들은 지역사회에 뭔가 눈에 띄는 것이 생겨나기를 바랄 뿐이다.

현재 진행 중인 세계에서 가장 인상적인 메가프로젝트는 다음과 같다.

- 두바이 월드 센트럴 공항(아랍에미리트 연방)
- 송도 국제 비즈니스지구(한국)
- 도쿄-오사카 자기부상열차(일본)
- 마스다르 시티(아랍에미리트 연방)
- 대운하(니카라과)
- 국가 고속도로시스템(중국)
- 국제핵융합실험로International Thermonuclear Experimental Reactor(프랑스)
- 세계 최고층 빌딩(아제르바이잔)
- 델리-뭄바이 산업회랑Delhi-Mumbai industrial corridor(인도)
- 킹 압둘라 경제도시(사우디아라비아)

세계적 전략가인 파라그 카나Parag Khanna에 의하면, 인류는 세계적으로 연결된 문명이 되어가고 있다고 한다. 이는 인류가 건설하고 있는 것 때문이다. 전 세계의 국방예산은 연간 2조 달러 이하다. 반면 미래 10년간 들어갈 인프라 건설비용은 연간 3조 달러에서 9조 달러에 이르게 된다. 카나는 "우리는 지금껏 세계 인구가 30억 명일 때의 인프라 자본에 의지해 살아왔다"며, "세계 인구는 90억 명까지 증가할 것이고, 경험으로 봤을 때 지구상에 인구가 10억 명이 증가하면 기본 인프라에 1조 달러를 투자해야 한다"고 말했다. 메가프로젝트가 이루어지는 이유다. 이 메가프로젝트에 아시아가 선두에 서는 것은 놀라운 일이 아니다. 중국은 2015년 아시아인프라투자은행의 설립을 발표했다. 이 은행은 다른 기관들과 더불어 상하이에서 런던에 이르는 철강·실크·디지털 로드를 건설하려는 목적을 가지고 있으며 중국 주도하에 아시아 국가들의 도로, 철도, 항만 등의 인프라 건설자금 지원을 목적으로 설립된 금융기구다.

앞서 언급한 사례를 포함한 모든 메가프로젝트들이 펼쳐지게 되면 2050년까지 투자될 돈은 지난 4000년 동안 인프라에 투자된 돈보다 더 많다. 그리고 미래로 갈수록 메가프로젝트의 규모는 커지고 들어가는 비용도 천문학적으로 변할 것이다.

세계 10대 교량을 보고 이보다 더 크고 높고 길고 더 예술적인 뭔가를 건설하려고 시도하는 것은 어렵지 않다. 가장 높은 건물, 가장 큰 크루즈 선, 가장 긴 터널, 가장 유명한 테마파크, 가장 큰 스타디움의 경우도 마찬가지다.

메가프로젝트 영역에 이제껏 아무도 하지 않았던 화성의 식민지화, 튜브 운송네트워크, 떠다니는 섬, 해저 도시 등이 포함될 수도 있다. 전문가들이 예측하는 64개의 차세대 메가프로젝트를 소개한다.

1. 글로벌 인프라 스트럭처

- 글로벌 튜브 운송프로젝트: ET3, 하이퍼루프 등
- 전 세계 자동우편 시스템: 사람의 손을 거치지 않고 전 세계 어디로든 우편물 배달
- 글로벌 와이파이네트워크: 언제 어디서나 인터넷에 연결 가능
- 글로벌 계보학 시스템: 국가별로 다른 사람, 식물, 동물, 그 밖의 표준 통일
- 글로벌 등기시스템: 개인 소유권을 위한 표준과 규정 관리
- 글로벌 사생활 표준: 모든 국가에 적용할 수 있는 기준
- 글로벌 윤리 표준
- 전자 국경: 국경을 통과하는 모든 인풋과 아웃풋 모니터링

2. 우주산업

- 우주 리조트
- 소행성 탄광
- 우주 기반 발전소
- 우주엘리베이터
- 타 행성 식민지화

- 광속보다 빠른 여행
- 위성 슈터: 우주에서 위성을 쏘아 올리는 작업
- 전 세계에 와이파이를 공급하는 공중 안테나, 우주 태양광, 개
  인용 초소형 위성

3. 해양산업
- 해상 부유 리조트
- 해상 부유 농장: 곡물, 과일, 채소 생산
- 식물과 동물을 양식하는 공해상의 대규모 양식장
- 인공섬 국가
- 수중 박물관
- 수중 수목원
- 조류 발전소
- 담수화 공장

4. 극한 기후 통제
- 허리케인 통제
- 지진 통제
- 토네이도 통제
- 우박을 동반한 폭풍 통제
- 사막화 통제
- 가뭄과 기근 통제

- 모래폭풍 통제
- 극단적인 눈보라, 강우, 홍수 통제

5. *거대 교량 및 터널 프로젝트*

- 베링 해협을 잇는 교량: 북미 대륙과 아시아 연결
- 대리언갭Darian Gap을 잇는 교량: 북미대륙과 남미 대륙 연결
- 지브롤터 교량 및 터널: 유럽과 아프리카 대륙 연결
- 스웨덴–핀란드 터널: 스웨덴과 핀란드 연결
- 한일 터널: 한국과 일본 연결
- 대만해협 터널 프로젝트: 중국과 대만 연결
- 사우디–이집트 둑길: 이집트와 사우디아라비아 연결
- 사할린–홋카이도 터널: 일본과 러시아 연결

6. *극한 물리학 도전과제*

- 행성 테라포밍: 다른 행성과 달을 지구와 비슷한 인간 친화적 환경으로 재창조
- 대용량 에너지 저장장치: 도시가 2주간 사용할 전력 저장 장치
- 중력의 통제
- 지구 중심으로 탐사선 보내기
- 시간의 통제: 분 단위 시간을 조절할 가능성 연구
- 과거의 관찰: 기록되지 않은 과거 사건을 실제 크기의 홀로그래 피로 볼 수 있는 기술

- 물질분해: 즉석에서 분자 결합을 파괴해 분자 단위로 분해하는
  기술
- 멸종생물 부활

7. 데이터 메가프로젝트
- 10억 캠 네트워크 프로젝트
- 전 세계 법률 프로젝트
- 10억 개 IoT 운영 시스템
- 세계 선거: 50개국 이상 5억 명 투표
- 10억 개 센서 네트워크
- 글로벌 언어 저장소
- 10억 개 드론 운영 시스템
- 글로벌 지식재산권 시스템

8. 노화와 질병
- 암 치료
- 당뇨병 치료
- 심장병 치료
- 자살 치료
- 노화 예방
- 인간 복제 및 프린트
- 일탈행동 치료

- 슈퍼맨 창조

과거 이집트의 피라미드나 중국의 만리장성 같은 메가프로젝트는 믿을 수 없이 많은 인간의 노동력이 포함되었기 때문에 인간의 성취에 대한 영속적인 증거물이 되었다. 오늘날의 메가프로젝트는 규모나 예산, 그리고 중요성에서 과거의 메가프로젝트보다 훨씬 더 크다고 할 수 있다. 세계를 여행해보면 주요 도시마다 상당수의 건설 프로젝트들이 진행되고 있음을 볼 수 있다. 세계적으로 널리 알려진 중국과 두바이의 메가프로젝트들을 제외하더라도 전 세계적으로 수백 개에 달하는 메가프로젝트들이 진행되고 있다.

파라그 카나는 인프라에 대한 투자가 연간 9조 달러까지 상승하게 되면 메가프로젝트는 글로벌 GDP에서 차지하는 비중이 24%까지 치솟게 된다고 예상했다. 다가오는 수십 년 동안 우리는 메가시티 문화와 라이프스타일, 경제로 이전하기 시작한다. 메가시티는 그 자체로 더욱 중요해진다.

22세기, 건물 하나로
도시가 이루어진다

22세기가 되면 인류의 대다수는 해상의 인공섬으로 이주해간다. 그 가운데 육지에 남은 인류는 대형생태건축물arcologies을 짓게 된다.

극심해진 기후변화로 인한 재난을 피해 많은 인구가 인공섬으로 이주하지만, 바다를 선호하지 않거나 바다 생활에 적응하지 못하는 이들은 북유럽, 러시아, 캐나다, 북극, 남극 서부 지역으로 이주한다. 이곳에서 사람들은 기후변화의 영향을 거의 받지 않는 대형생태건축물을 짓는다. 너비는 수 km에 달하며 높이도 1.5km 이상으로, 수십만 명이 한 건물에서 거주 가능하다. 나노공학과 탄소나노튜브, 그래핀 등의 소재를 이용해 건축물을 완성하는데, 철보다 수백 배 강한 강도로 인해 지진이나 태풍 등 재난재해도 견뎌낸다.

이 생태건축물은 개미집을 닮았다. 한 개의 건물 안에서 에너지, 물, 기타 자원 생산이 가능하고 주거 및 상업공간을 제공하는 지속가능한 도시 개념이다. 지능형 로봇들이 건축물의 유지보수를 담당하며, 수송 시스템이 수평, 수직, 대각선으로 사람들을 이동시켜준다.

가상현실과 클레이트로닉스를 적용한 집은 주거에 많은 공간을 필요로 하지 않는다는 측면에서 21세기 후반의 자급자족 가능한 건축물과 같다. 또 수십만 명의 사람들이 한 건축물에 모여 살기 때문에 환경에 미치는 영향, 즉 에너지 낭비가 거의 없다. 그 결과 대지는 인류의 손에서 벗어나 자연적인 모습을 되찾아가면서, 기후변화가 안정될 가능성 역시 함께 커진다.

part 3

환경이 바뀌면
생활도 달라진다

8

주거문화를
바꾸는
기후변화

기후변화가
최대 화두가 되는 미래

21세기 전반기가 부족한 자원의 위협을 주로 받은 것과 달리, 후반기에는 기후변화가 세계 평화의 가장 큰 위협이 될 것이다. 21세기 후반 10년간 인류 역사상 유례없는 위기에 직면한다. 자원의 부족이 경제를 황폐화시키고 삶의 질을 하락시키는 것과 비교해, 기후변화는 자연과 인간의 시스템을 영구적으로 붕괴시킬 가능성이 있다.

이처럼 기후변화는 매년 눈에 띄게 다가오지는 않지만, 그 충격은 매우 클 것이다. 10년 단위로 보면 그 변화의 심각성을 깨달을 수 있을 것이다. 학계와 관련 기관에서 발표한 기후변화 관련 예측을 10~20년 단위로 정리해보았다.

2020년

— 홍수가 유럽의 모든 지역에서 증가한다. Intergovernmental Panel on
Climate Change, IPCC: 기후변화정부간협의체

2030년

— 적도 기후 지역이 넓어지고 고산 지역의 빙하가 사라지며, 아프
리카에 사막이 증가한다. 리처드 테일러Richard Taylor, 런던대학교 지구물리학과 교수

2050년

— 비교적 낮은 고산지대의 빙하가 사라진다. 큰 빙하는 그 규모가
30~70%로 축소된다. IPCC
— 오스트레일리아에서 연간 5,200명이 고온으로 사망하게 된다.
이 숫자는 3,200명 정도 더 증가할 수도 있다. 가장 큰 타격
은 65세 이상의 고령인구에서 나타난다. 한편 영국에서는 감기
로 인한 사망 인구가 고온으로 인한 사망 인구를 앞지를 것이
다.IPCC

2070년

— 지구 온난화와 건조화는 지중해 지역에서 긴 가뭄뿐만 아니라, 화재도 빈번하게 만들어 이 지역이 황폐화될 수도 있다. IPCC

2080년

— 건조한 기후로 인해 세계 일부 지역이 사막화되는 반면 해수면 상승으로 침수되는 지역도 상당히 많다. 과학자들은 세계 인구의 최대 20%가 홍수 위험이 큰 강 유역에 거주하고 있어 이들의 이주가 국가 주도하에 이루어질 것이라고 예측한다. 최대 100만 명이 매년 해수면 상승으로 거주지와 경작지 침수 및 수몰을 겪는다. 인구 밀도가 높은 저지대가 해수면 상승, 열대 폭풍, 재난 재해 등 다양한 위협에 직면하면서 적도지방과 아랍 국가들은 국토를 버리고 이주한다. IPCC

— 해수면 상승으로 해상도시 및 해상국가에 거주하는 인구가 최대 5억 명이 될 수 있다. IPCC

— 11억~32억 명이 물 부족을 경험하고 최대 6억 명이 극빈층이 된다. IPCC

기온 상승이 가져오는
환경의 변화

일교차가 10℃씩 나는 지구에서 기온이 1℃ 상승한다는 것이 큰 변화로 보이지 않는다. 하지만 지구 전체의 평균기온이 1℃ 상승하는 것만으로 생태계를 비롯해 지구는 큰 변화를 겪는다. 4℃ 상승할 경우 지구는 사람이 살 수 없는 곳이 될 수도 있다.

또한 기후변화로 인한 재난, 물 부족, 기후 난민, 국경의 의미 상실 등의 문제는 수십 년간 계속되어온 것들이다. 이런 장기적인 환경 변화에 살아남은 인류에게 기후변화를 막는 것은 지상 최대의 숙제가 될 것이다.

기후변화가 가져올 문제를 단계별로 살펴보자.

1℃ 상승할 경우

2021년에 지구의 기온이 60년 전보다 1℃ 상승한다. 그중에서도 북극이 가장 큰 기온 상승을 보일 것이다. 바다와 육지의 온도 상승은 이산화탄소 배출 증가로 이어지고 이로 인한 온실화가 가중된다. 내륙 지역부터 기후가 크게 변동하기 시작해 미국의 고원 지역인 캔자스, 네브래스카 및 인근 지역은 1930년대에 비해 건조 지대dust bowl: 모래나 바람이 휘몰아치는 미국 대초원 서부지대가 더욱 확장될 것이다. 큰 먼지 폭풍 중 일부는 도시를 심각하게 오염시키고, 표토 침식 또한 급속히 진행시킬 것이다. 이런 먼지폭풍은 대륙 내부에서부터 시작되어 동쪽으로 이동하며, 시카고까지 도달한다.

한편 아프리카에서는 마지막 남은 눈이 다 녹아서 킬리만자로에서 얼음이 완전히 사라진다. 1만 1000년 만에 처음으로 얼음 없는 산이 되는 것이다. 아시아에서는 방글라데시가 집중 홍수에 의해 상습 수몰지역이 되며, 정기적으로 폭풍이 찾아온다. 전 세계적인 해수면 상승이 일부 섬을 지구상에서 사라지게 할 것이다.

2℃ 상승할 경우

2041년에는 지구 평균기온이 2℃ 상승할 것이다. 2009년 코펜하겐 기후정상회의에서 각국 정상들이 합의한 산업화 이전 대비 지구 평균기온 상승 폭 2℃를 저지하지 못할 경우다. 그리고 이는 지금 상

291

태로 볼 때 우리가 피하지 못할 미래다. 지구의 기온이 2℃ 상승하면 극지방의 빙하를 녹임으로써 급격한 해수면 상승을 일으키고 그린란드도 용융의 극적 전환점에 도달하게 만들 것이다.

미국에서는 건조한 기후가 한층 악화되는데, 대두 생산이 절반으로 줄고 다른 농산물의 생산도 급감한다. 한편 따뜻한 온도에 곤충 번식이 극심해져서 동물들에게 식량을 제공해주는 숲 대부분이 소멸할 수도 있다. 알프스의 눈이 수백만 년 만에 처음으로 녹아서 일어난 산사태가 마을과 도시를 파괴하고 스위스 관광산업과 스키 레저산업의 쇠퇴를 불러온다. 이전에 경험한 적 없는 기록적인 폭염이 이어지며, 건조한 탓에 산불도 자주 일어나게 된다.

한편 남미에서도 안데스산맥의 빙하가 녹아 식수가 부족해지고 콜롬비아의 커피 생산량은 현저하게 감소한다. 물 부족은 아시아도 예외가 없어 인더스강의 공급이 절반으로 줄면서 파키스탄이 심각한 물 부족에 직면한다. 심지어 핵무장국가인 파키스탄이 이웃 인도와 물 전쟁을 벌일 수도 있다. 기후변화로 최악의 피해를 보는 국가는 아프리카다. 가뭄으로 대륙 대부분에서 농업 생산량이 치명적으로 감소하는 바람에 인구의 4분의 3이 굶주릴 수도 있다.

3℃ 상승할 경우

온실가스를 줄이려는 노력이 없으면 2056년 지구의 기온은 지금보다 3℃ 상승하게 될 것이다. 북극의 영구동토층이 완전히 녹아 이

292

산화탄소보다 약 70배 강력한 온실가스인 메탄가스가 대량 배출되면서 점점 더 강해지는 피드백 메커니즘에 의해 지구 온난화는 사람의 통제를 벗어날 정도의 속도로 진행될 것이다.

약 300만 년 전인 플라이오세 중기 이후 엘니뇨와 같은 극단적 기상 현상은 지구 전역에 꾸준히 퍼져왔으며 현재 가장 따뜻한 기후를 보이고 있다. 심한 가뭄, 집중호우, 홍수, 태풍 및 기타 기상현상들은 온난화가 진행될수록 더 심화될 것이다. 그중에서도 특히 동남아시아, 중동 및 아프리카가 그 영향을 많이 받는데, 이들은 대부분 농업과 어업에 의존하는 개발도상국들이다. 파키스탄에서는 얼마 되지 않는 식량과 물을 약탈하는 무장조직으로 인해 정부가 국가 통제에 실패하며, 계속되는 가뭄으로 강줄기조차 말라 수천만 명의 난민이 발생할 것이다. 난민의 대부분은 이웃국인 인도로 유입되지만, 인도 또한 심한 우기와 건기를 보이는 몬순기후로 인해 어려운 상황이다. 특히 우기에는 큰 규모의 홍수로 많은 지역이 침수될 것이다.

한편 미국은 태평양에 면한 동쪽 해안이 심각한데, 최대 하구인 체서피크만이 해수면 상승으로 폐허가 되면서 메릴랜드와 버지니아의 경제가 큰 타격을 입을 것이다.

4℃ 상승할 경우

남극의 영구동토층이 녹고 그 속에 포함된 메탄가스가 계속 방출되면서 가속화된 지구 온난화가 2041년에 2℃, 2056년에 3℃에 이

293

어 마침내 2070년에 지구 평균기온을 지금보다 최대 4℃ 상승시킬
것이다.

4℃의 상승은 지구 대부분의 지역에서 인간이 적응할 수 있는 한
계를 넘어서는 환경을 만든다. 식량과 자원을 공유하려는 시도에도
불구하고 기후 난민 숫자는 사상 최대치에 이르며, 대규모 재앙의 속
도 역시 엄청날 것이다. 이런 시대에 유전자 변형 작물은 선택이 아
닌 필수가 되며, 수경재배, 해수의 담수화 및 다른 기술들이 식량 공
급에 안정을 가져다줄 것이다. 여기에는 나노기술이 중요한 역할을
할 것이다.

더 이상
온화하지 않은 날씨

지구가 온난화됨에 따라 지표면의 수분 증발량 또한 늘어난다. 그 탓에 대기에 수증기가 갈수록 증가하며, 강우량이 늘고, 강우 강도 역시 온난화의 정도에 따라 상승할 것이다. 2054년에 지구의 온도가 3℃ 수준으로 상승하면 가장 극단적인 경우 강우가 지금보다 20% 정도 더 강해진다. 이런 강도에서는 땅의 표면이 깎이고, 표피가 유출되면서 강물의 흐름과 물살을 더 세게 만들 것이다.

전 세계적으로 강도 높은 비가 오면서 홍수가 급증한다. 토양 침식이 심화되어 배수 및 하수 시스템에 압박을 가하게 되고, 사용하지 못하는 비율이 높아진다. 강우량의 증가는 홍수 방어에 더 큰 비용과 더 튼튼한 인프라를 요구할 것이다. 문제는 지구 온난화의 원인에 거의 영향을 미치지 못하는 개발도상국에 홍수나 기후변화 대안이 부족하다는 점이다.

수많은 국가의 해안 지역이 극심한 기후변화로 인한 재해와 수몰로 향후 수십 년간 큰 피해를 입지만, 육지로 둘러싸인 지중해는 이런 피해를 앞으로 오랫동안 피해간다. 그런 지중해조차도 2060년이 되면 대서양의 슈퍼 허리케인을 피해갈 수 없게 된다.

2060년이 되면 지구의 기온이 20세기 평균보다 3℃ 증가하면서 지중해를 허리케인 분지로 만든다. 온난화로 인해 따뜻해진 바닷물이 일반적인 저압 시스템과 결합해 지중해로 유입된다. 이로 인해 열대성 저기압이 나타나며, 현재 유럽과 아프리카의 북부 해안에서 남쪽 해안에 걸쳐 해안 지역을 완전히 파괴하게 된다.

이후 10년간 지중해는 폭염, 만성적인 가뭄, 해수면 상승으로 붕괴에 직면한다. 베네치아의 대부분이 수몰되며 아테네, 바르셀로나, 트리폴리, 튀니스와 알렉산드리아 등의 도시도 수몰 위기를 맞거나 계속되는 재해로 인해 복구 불가능한 상태가 된다.

기후변화를
해결할 방법으로써 주거

2017년 4월 하와이의 마우나로아 관측소에서는 사상 최초로 이산화탄소 농도가 410ppm 이상으로 기록되었다. 만약 이산화탄소 배출이 지금 추세로 계속된다면 앞으로 5,000만 년이 지나면 온도는 지금보다 10℃가 더 높아지고 얼음은 거의 녹아서 사라진다. 물이 더욱 많아지고 육지는 줄어든다.

여러 국가들 사이에서 지구 온난화로 인한 온도 변화를 2℃ 이내로 제한하려는 합의가 이루어진 지 이미 오랜 시간이 지났다. 이것은 여러 가지 이유에서 매우 중요하다. 높은 온도는 식량 생산에 영향을 주기 시작했다. 그러나 작가이자 활동가인 폴 호킨Paul Hawken은 2℃로는 충분하지 않다고 말한다. 2017년 8월 샌프란시스코에서 열린 싱귤래리티대학교 글로벌 서미트Singularity University's Global Summit에서 폴 호킨은 그의 최근 저서인 《드로다운Drawdown: 지구 온난화를 해결하

297

기 위한 가장 포괄적인 계획》의 세부 내용을 주제로 강연했다.

'드로다운'이라는 용어는 대기 중 온실가스 농도가 매년 감소되기 시작하는 시점을 말한다. 이러한 목표에 도달하는 방법을 찾아내기 위해 드로다운 프로젝트에서는 지구 온난화에 대한 가장 중요한 100가지 해결방법을 규정하고 측정하며 모델링하기 위해 세계에서 다양한 분야의 연구진들의 연구 결과를 모았다. 이 책에서는 각 해결방법의 역사와 이산화탄소에 미치는 영향, 상대적 비용과 절감, 채택을 위한 과정과 방식에 관해 설명하고 있다.

호킨은 "지구 온난화 문제에 대한 주문은 언제나 에너지이며, 에너지를 바르게 얻는 것이 이 문제를 해결할 수 있는 가장 좋은 방법"이라고 이야기했다.

드로다운 연구에서 설명하는 최고의 기후변화 대응 솔루션 모델들을 소개한다.

냉매 관리

1987년 몬트리올 의정서 이후 전 세계에서는 냉장 시스템에서 오존을 파괴하는 프레온가스를 수소불화탄소hydrofluorocarbons, HFC로 널리 대체했다. 그러나 문제가 해소된 것은 아니다. HFC가 오존에 대해 덜 해롭기는 하지만 이산화탄소보다 대기를 1,000배~9,000배 더 따뜻하게 만든다.

고소득 국가를 시작으로 여러 국가들은 2019년부터 HFC를 단계적으로 퇴출시키려는 목표를 가지고 있다. 프로판과 암모늄 같은 천연 냉매 대체재가 이미 시장에 나와 있다. 드로다운 연구에 의하면 앞으로 30년 동안 87%의 냉매 배출을 막는 것이 89.7기가톤의 이산화탄소를 줄이는 효과와 맞먹으며 이 프로젝트에 드는 비용은 2050년까지 9,030억 달러라고 밝혔다.

육상 풍력터빈

풍력발전은 현재 전 세계 에너지의 4%를 공급하고 있으며 2040년까지 최대 30%까지도 가능하다. 일부 지역에서는 풍력에너지가 석탄에너지보다 저렴해졌으며 기술 향상에 따라 원가는 계속 하락하게 된다. 드로다운 연구에 의하면 육상 풍력발전으로 2050년까지 전 세계 에너지의 21.6%를 충당할 수 있고 이를 통해 84.6기가톤의 이산화탄소 배출을 줄일 수 있다. 추정 비용은 1조 2,300억 달러에 이르지만 30년 동안 풍력터빈을 운영해 7조 4,000억 달러를 절감할 수 있으므로 투자금액의 몇 배를 회수할 수 있다.

그러나 바람이 전 세계 대부분의 지역에서 언제나 부는 것은 아니기 때문에 풍력 인프라를 늘리기 위해서는 저장장치와 전송 인프라 확충이 동반되어야 한다.

음식물 쓰레기 줄이기

재배되거나 요리된 음식의 3분의 1은 버려진다. 수백만 명이 심각한 기아 문제를 가지고 있는 마당에 이는 터무니없는 현실이다. 음식 자체가 낭비되는 것뿐만 아니라 음식을 생산하기 위해 소요된 물과 에너지, 인력도 함께 낭비되고 있다. 또한 식품 생산은 온실가스를 발생시키며 유기물 쓰레기는 메탄을 발생시킨다. 이러한 요소들을 모두 합하면 음식 쓰레기는 전 세계 탄소 배출량의 8%를 차지한다.

가난한 나라에서는 생산품이 농장에서 썩거나 저장과 배송과정에서 상하는 등 공급망의 초기에서 음식 쓰레기가 발생하는 경향이 있다. 이러한 국가에서는 저장과 처리과정, 운송 인프라를 개선하게 되면 음식 쓰레기 발생을 줄일 수 있다.

2050년까지 음식물 쓰레기의 절반을 줄일 수 있다면 26.2기가톤의 이산화탄소 배출량 감소와 맞먹는 효과를 기대할 수 있다. 음식물 쓰레기를 줄이면 44.4기가톤의 추가적 배출을 막을 수 있으며 농지를 위한 삼림 벌채도 막을 수 있다.

식물성이 풍부한 식단을 먹는 것

가축이 하나의 나라를 이루고 있다면 가축 나라는 세계에서 세 번째로 큰 이산화탄소 배출국일 것이다. 2014년 유엔 식량농업기구

Food and Agriculture Organization of the United Nations: FAO에서는 모든 탄소 배출량의 14.5%가 가축 사육에서 나온다고 밝혔다.

축산업이 탄소를 많이 배출한다는 것은 식물을 더 많이 먹도록 하는 하나의 이유일 뿐이다. 식물성을 기반으로 한 식단은 건강할 뿐만 아니라 대부분 고기보다 저렴하다. 사람들의 식단을 바꾸는 것은 쉬운 일은 아니다. 음식의 선택은 극히 개인적이고 문화적이다. 그러므로 식물 기반 식단의 이점에 대해 교육하는 것은 좋은 출발점이 된다.

드로다운 연구에서는 세계 인구의 50%가 하루의 식단을 2,500칼로리로 제한하고 전반적으로 육류소비를 줄인다면 적어도 26.7기가톤의 이산화탄소 배출을 줄일 수 있고 농지를 위해 삼림 벌채를 막을 수 있는 것으로 39.3기가톤의 배출을 추가로 줄일 수 있다고 밝혔다.

열대우림 보호

한때 열대우림은 전 세계 육지의 12%를 덮고 있었지만 지금은 겨우 5%만 차지하고 있다. 열대우림을 개간하게 된 것은 대부분 농업_{농작물 농업 또는 목축}을 위한 것이었다. 열대우림은 세계의 일부 지역에서는 계속 사라지고 있지만 또 다른 지역에서는 복원되기도 한다.

드로다운 연구의 열대우림을 다룬 장에서는 이렇게 설명하고 있다. '삼림 생태계가 회복되면 나무와 토양, 나뭇잎 등이 이산화탄소를 흡수하고 저장한다. 식물과 동물군이 회복되고 생물 종 사이의 상호작용이 되살아나게 되면 숲은 물의 순환을 돕고, 토양을 보존하며 서식지를 보호하고 음식과 의약, 섬유를 공급하고 인간이 살아가는 장소와 모험하고 경배할 수 있는 장소를 제공하는 등의 다원적인 역할을 회복하게 된다.'

드로다운 모형에서는 162만km²의 손상된 열대우림을 복원할 수 있다고 추정하고 있다. 자연이 회복된 삼림은 1km²당 1,400톤의 이산화탄소를 격리시킬 수 있으므로 2050년까지 총 61.2기가톤의 이산화탄소 배출을 억제할 수 있다.

가족계획

드로다운 연구의 가족계획에 관한 장에서는 '저소득 국가의 여성 2억 2,500만 명은 임신 여부를 선택할 수 있기를 원하지만 피임 방법에 접근할 수 없다. 미국을 포함한 고소득 국가에서도 임신 중 45%는 의도하지 않은 것'이라고 설명하고 있다.

유엔의 세계 인구 예측에 따르면 2050년의 인구는 97억 명에 이르게 된다. 이러한 인구 규모를 달성하기 위해서는 모든 저개발국가에서 여성의 모자보건 서비스 접근성을 개선하고 가족계획을 보급하는 것이 필수적이다.

드로다운 연구에서는 가족계획에 대한 투자가 없는 국가에서 가족계획을 실시할 경우 에너지와 건물 공간, 식품, 폐기물, 교통량에 미치는 영향을 모델링했다. 그 결과 가족계획이 가져오는 이산화탄소 배출량 감소는 119.2기가톤이며 그중 절반은 소녀들에 대한 교육에서 기인한다.

교육이 가족계획에 높은 영향을 준다는 점에서 가족계획과 여성교육은 긴밀하게 연관되어 있으며 두 가지 모두 세계 인구 증가 관리에 매우 중요한 요소다. 드로다운은 이 두 가지 해법의 동적 관계를 측정하는 것이 불가능하므로 총 영향력을 둘로 나누어 각각 59.6기가톤을 할당했다. 교육은 13년간의 학교 교육을 가정했다.

여성에 대한 힘의 부여와 교육의 결과로 발생된 대기 중 이산화탄소 감소량 119.2기가톤은 지구 온난화를 역전시키기 위한 최고의 해결책이다. 호킨은 이렇게 말했다. '학교에 다닌 여성들은 출산에 대해 매우 다른 선택을 한다. 아프리카뿐만 아니라 아칸소주에서도 가족계획 클리닉이 어디에나 세워져야 한다. 여성들은 어디에서나 모자보건 서비스를 지원받아야 한다.'

여성 교육

교육을 더 많이 받은 여성들은 자녀의 수가 더 적고 자녀들은 더 건강하다. 교육을 받은 여성일수록 임산부 사망률과 유아사망률도 더 낮다. 학교를 더 오래 다닌 소녀들은 아동기 결혼이나 자신의 의지에 반한 결혼을 하는 경우가 더 적으며 에이즈나 말라리아 감염 비율도 더 낮다. 농업도 생산성이 더 높으며 가족들의 영양상태도 더 좋다.

드로다운 연구는 경제적, 문화적, 안전상의 문제로 인해 전 세계 6,200만 명의 소녀들이 교육받을 권리를 실현하지 못하고 있다고 말하며 이러한 상황을 변화시키기 위해 다음과 같은 전략을 채택할 것을 권고하고 있다.

- 저렴한 학비로 다닐 수 있는 학교를 만들 것
- 여성들이 건강상의 장벽을 극복할 수 있도록 도움을 줄 것
- 학교에 가기 위한 시간과 거리를 줄여줄 것
- 소녀들에게 더 친화적인 학교를 만들 것

유엔 교육과학문화기구Educational, Scientific, and Cultural Organization는 저소득 국가에서 보편적 교육을 실시하기 위해서는 매년 390억 달러가 필요하다고 말했다. 이렇게 되면 2050년까지 매년 59.6기가톤의 이산화탄소 배출을 감축할 수 있다.

호킨은 지구 온난화에 대해 아무도 들어보지 못했던 견해를 이야기했다.

"지구 온난화는 일어나지 않는다. 지구 온난화는 하나의 해프닝이며, 선물이다. 피드백이 없는 모든 시스템은 죽는다. 지구 온난화는 우리가 누구이고 우리의 마음과 심장, 재능으로 만들어낼 수 있는 것이 무엇인가에 대해 다시 생각하게 만드는 선물이다."

그의 연설이 끝난 뒤 청중들은 기립박수를 보냈다.

9

에너지
효율적인 집이
온난화를
저지한다

에너지 자체 생산,
자체 공급

기후변화를 막기 위해 가장 시급한 것은 이산화탄소를 만들어내는 화석연료의 사용을 줄이는 일이다. 다양한 대체에너지들이 시장에 선보이고 있는데 그 가운데 장기적으로 화석연료를 대체할 만한 에너지로 가장 주목받는 것이 태양광 에너지다. 세계적 시장조사업체 럭스 리서치Lux Research는 태양광 패널 가격의 하락이 태양광 발전소 건설에 큰 도움이 되고 있으며, 2020년경에는 태양광 설치비용이 15~30% 이상 떨어질 것으로 전망했다. 이는 태양광 패널 이외의 설치 시스템the balance of system: BOS 가격 하락이 가장 큰 요인이라고 한다.

여기에 더해 태양광 패널의 효율 개선이 이루어지면 2020년에는 태양광 에너지의 가격이 1kWh당 4~8센트 사이가 될 것이라는 전망이다. 이는 현재 1kWh당 16센트보다 저렴하며 2013년 기준 우리나라의 전기요금주거용인 1kW당 127원12센트과 비교해도 저렴한 가격이다.

"비용 절감 압력이 점차 강해지면서 에너지 전송비용은 물론 BOS 가격도 점차 하락할 것"이라고 전하는 매튜 파인스타인Matthew Feinstein 럭스 리서치 수석 애널리스트는 "신기술 연구가 시스템의 비용 절감을 가속하고 균등화발전비용levelized cost of electricity, LCOE을 줄이는 데도 도움이 될 것"이라고 전했다.

에너지 전문가인 토니 세바는 심지어 2020년에 태양광 에너지가 그리드 패리티를 넘어 석유 가격보다 저렴해질 수 있으며, 2030년이 되면 대부분의 에너지를 태양에서 얻을 수 있다는 과감한 예측을 했다.

태양광은 사용하면 사라지는 재료가 아니기 때문에 기술만 개발되면 영구적으로 사용할 수 있는 에너지다. 그렇기 때문에 석유보다 싸질 가능성이 있다. 그중에서도 가장 놀라운 것은 박막 태양광 패널인 태양광 천이다. 지금까지 태양광 패널은 무게 탓에 설치가 까다로웠다. 무인자동차에 장착할 수 없었던 것은 물론, 지반이 약한 곳에도 설치할 수가 없었다. 하지만 2014년 영국 케임브리지 소재의 솔라클로스Solar Cloth Company가 태양광 천을 주택 지붕, 간이차고, 주차장 등 일반적으로 설치할 수 없었던 모든 구조에 가벼운 박막 태양광 패널을 덮는 기술을 개발했다.

그동안 박막 태양광 패널을 생산하려고 노력한 기업들이 많았지만 높은 생산 단가 등으로 인해 상업화에는 성공하지 못했다. 이번에 개발된 태양광 천은 박막 태양광 패널을 직물에 결합해 만든 것으로, 다양한 환경에서 사용이 가능할 것으로 보인다. 개인이 휴대용 전자기기를 충전할 수 있도록 에너지를 생산해주는 의류를 만들 수 있으며, 창문의 커튼으로 활용해 실내에 햇빛을 차단하면서 에너지를 모을 수도 있다. 또 대형 스포츠시설이나 올림픽경기장 등의 지붕에 펼쳐서 야간 경기에 필요한 조명을 생산할 수도 있다. 현재 개발된 천은 $1m^2$당 60W의 전기를 생산하며, 시속 240km의 바람을 견딜 수 있고 최대 30cm에 달하는 눈의 하중을 견딜 수 있다. 일반적인 천보다는 비싸지만 무거운 태양광 패널을 구입하는 값과 비교하면 매우 저렴하다. 이 기술은 모든 비즈니스 및 가정 에너지 생산에 적용할 수 있어 에너지 독립을 가능하게 해주는 기술로 평가받으며 2015년 영국의 클린테크이노베이션에서 최종 후보로 선정되었다.

태양광은 특히 강렬한 햇빛을 집광할 수 있는 사막 기후에서 더 효율적일 것이다. 실제로 2012년 사우디아라비아에서 만들어낸 태양 에너지의 양은 0.003GW에 불과하지만, 2032년에는 국가의 총 에너지 수요인 121GW 중 3분의 1인 41GW를 태양 에너지로부터 얻을 것으로 보인다. 그중 거울을 사용해 유체를 가열해 생겨난 증기로 터빈을 돌리는 태양열 발전소는 약 25GW의 전기를 생산할 것이다. 나머지 16GW는 대규모 태양광 발전소에 의해 제공된다.

사막의 거대한 대지와 적도 지역의 내리쬐는 강렬한 햇빛을 더 많이 모으기 위한 대규모 건설 프로젝트는 이미 시작되었다. 남부 유럽의 주변 국가와 사우디아라비아를 연결하는 고압 케이블 위에 태양 에너지 발전기 설치 작업을 진행하는 프로젝트도 계획되어 있다. 이 설치물은 유럽과 북부 아프리카 일대로 확장될 것이며, 생산된 재생에너지로 필요한 전력 전체를 충당할 것이다.

최근 석유의 수출 감소로 인해 중동은 전반적으로 혼란을 겪고 있다. 이러한 상황에서 태양 에너지 생산기술의 발전은 주변지역에서 가장 부유한 국가인 사우디아라비아가 지속 가능한 미래로 전환할 수 있도록 도울 것이다.

태양광 박막 시스템의 가격 역시 하락하고 있으며, 건설비용, 시스템 하드웨어 비용 등도 생산성 대비 가격이 하락할 것이다. 특히 태양광은 시설만 갖춰지면, 에너지의 재료인 태양이 고갈되는 일 없이 무료로 제공되기 때문에 차세대 에너지 가운데서도 두각을 나타낼 것이다.

태양광 패널의 대중화는 가정에서도 직접 태양광 에너지를 생산할 수 있게 해주지만 저장기술의 한계 탓에 밤에는 쓰지 못하거나 장마 등에 사용이 불가능해서 효율성이 떨어질 것이다. 하지만 이런 단점은 가정용 에너지 저장기술이 완성되면서 사라진다. 각 가정에 에너지를 저장하는 기기가 가전제품처럼 대중화되면, 태양광을 각 가정에서 생산하고 저장할 수 있게 되면서 대형 발전소조차 소멸시킬 수도 있다.

주택에서 생산하는
태양광 에너지

미래의 에너지 산업은 공급자와 소비자가 양방향으로 에너지를 주고받는 스마트 그리드 형태로 공급된다. 에너지 효율을 위해 신재생에너지 분야에서 지역 발전, 소규모 발전 등으로 만들어낸 전기를 인터넷 오픈마켓에서 주고받는 형태로 낭비 없이 사용하는 것이다.

이처럼 집에서 에너지를 만들어 사용할 수 있는 기술이 개발되고 있는 가운데, 누구나 손쉽게 태양광 발전을 이용할 수 있는 기술이 2014년 9월 등장했다. 구부릴 수 있는 태양광 필름은 이미 여러 종류 개발되었다. 하지만 기존의 태양광 필름이 특수 소재와 특별한 생산기술을 가지고서 태양광을 집적한 것과 달리, 이번에 스탠퍼드 대학교에서 개발한 태양광 스티커는 일반 소재로 태양광을 집적할 수 있는 기술이다.

껍질을 벗겨 붙이는 이 스티커는 단단한 실리콘 또는 실리콘 웨이퍼집적회로를 제조하는 출발원료인 실리콘 등 반도체의 얇은 판에 니켈을 300나노미터 층으로 붙였다. 스탠퍼드 표준 제조기술을 사용해 만들어진 태양광 배터리는 니켈에 박막으로 입혀졌다. 샌드위치처럼 만들어진 이 웨이퍼는 보호 폴리머에 쌓인 뒤 그 위에 열전도 테이프를 더했다.

이렇게 만든 태양광 스티커는 실험 결과 유리, 플라스틱, 종이 등 아무 곳이나 잘 붙으며 열효율이 떨어지지도 않았다. 평면과 곡선 등 울퉁불퉁한 표면은 물론 다양한 형태의 표면에도 적용되었다. 기존에 태양광 배터리를 허용하지 않던 모바일 장치나 헬멧, 대시보드 또는 창문에도 붙일 수 있는 이 태양광 스티커는 종래의 필름보다 훨씬 얇고 가벼우며, 저렴한 비용이 장점이다. 실리콘이나 실리콘 이산화 웨이퍼를 재활용할 수 있어 낭비도 없다.

스탠퍼드대학교의 샤오린 쳉Xiaolin Zheng 조교수에 따르면, 이 기술은 인쇄회로나 LCD, 스틱 박막 배터리를 생성하는 데도 응용할 수 있을 것이라고 한다.

"이 기술은 수많은 신제품 개발에 응용될 것이다. 스마트 의류, 항공우주시스템에 사용 가능한 다양한 박막 전자제품 및 박막 태양광 배터리를 간단히 만들 수 있기 때문이다. 이 기술의 단지 시작일 뿐이다. 우리는 소재를 니켈과 이산화 실리콘만으로 제한하지 않고 다양한 신소재를 응용할 계획이다. 많은 다른 물질과 결합한 이 기술은 무한한 가능성을 열어줄 것이다."

한편 2016년에는 MIT의 연구원들은 현재까지 만들어진 것 중 가장 얇고 가벼운 태양광 패널 기술을 선보였다. MIT의 블라디미르 불로비치Vladimir Bulović 교수와 그의 연구팀은 2016년 4월 〈오가닉 일렉트로닉스Organic Electronics〉 지에 실은 논문에서 이 태양광 배터리를 소개했다. 기술의 핵심은 태양광 패널을 만들고 서브스트레이트로 이를 보호하고 지탱하는 것이다. 서브스트레이트는 태양광 패널을 만드는 과정에 증착하기 때문에 태양광 패널의 효율을 떨어뜨릴 수 있는 먼지나 오염물질에 노출된 가능성을 최소화한다.

연구팀은 서브스트레이트와 오버코팅에 파릴렌이라고 부르는 플렉시블 폴리머를 사용했다. 파릴렌은 의료기기나 전자회로를 보호할 목적으로 코팅되는 물질로, 아주 얇게 만들 수 있다. 통상적인 태양광 패널 제조 과정이 고온과 유독한 화학물질을 필요로 하는 반면에 파릴렌 코팅은 상온에서 진행되며, 어떠한 용매도 사용하지 않는다. 서브스트레이트와 태양광 패널는 증기침착기술vapour deposition techniques을 이용해 증착한다.

이로써 연구팀은 이미 지금까지 나왔던 것 중 가장 얇고 가벼운 태양광 패널을 완성했다. 연구팀은 이 배터리가 얼마나 얇고 가벼운지를 보여주기 위해 비눗방울을 만들고 그 위에 작동되는 태양광 패널을 올려놓는 데 성공했다.

서브스트레이트와 오버코팅 층을 포함한 전체 태양광 패널은 사람 머리카락의 50분의 1의 두께다. 유리 서브스트레이트 방식의 기존 태양광 패널의 1,000분의 1로, 2마이크로미터다.

비눗방울에도 얹어놓을 수 있을 정도로 가벼운 태양광 배터리는 모자, 셔츠, 스마트폰, 또는 종이 한 장 또는 헬륨 풍선 등 어떤 물질이나 표면에도 붙일 수 있다. 아직 상용 규모로 생산하기까지는 몇 년이 더 소요되겠지만 연구소 단계의 기술검증에서는 차세대 휴대용 전자기기의 전력을 공급할 수 있는 태양광 패널을 만드는 새로운 접근법을 보여주었다.

이 태양광 패널은 기존의 무거운 태양광 패널보다 효율은 낮다. 하지만 무게당 전력 생산을 따지면 400배나 우수하다. 기존의 실리콘 기반의 태양광 패널이 1kg당 15W의 전력을 생산할 수 있다면 이 초박막 태양광 패널은 1g당 6W의 전력을 생산한다. 무게가 핵심인 비행선, 우주선에도 무리를 주지 않고 설치하기에 적합하다.

불로비치 교수는 "이 태양광 패널은 너무 가벼워서 셔츠나 노트북에 붙여놓으면 거기에 있는지도 모를 것"이라고 말했다. 현재 연구 단계이기 때문에 상업적 대량 생산까지는 시간이 걸리겠지만, 제조기술 자체는 현재도 널리 사용되는 방식이라 어렵지는 않으리라고 기대하고 있다.

벽이나 유리창, 심지어 나무나 들판의 바위에도 붙일 수 있는 박막 태양광 패널 기술로 인해 언제 어디서나 에너지를 집적하고 전기를 생산할 수 있는 날이 곧 다가올 것이다.

아프리카의 밤을 밝혀줄
태양광 발전

기술 낙관주의자들에 의하면 세상은 과거와 비교해 끊임없이 나아지고 있으며, 여기에 기술이 일조하고 있다. 이를테면 태양광 에너지가 그렇다. 사하라 이남 아프리카 지역의 가정용 태양광 발전 사례를 통해 청정에너지로 인해 숲이 사라지는 것을 막고 아프리카 사람들에게는 밤을 밝혀주는 전기를 공급할 수 있어 지구와 인류에게 모두 이점이 있다는 사실이 증명되었다.

등유 사용 중단

아프리카 인구 중 5억 명 이상이 전기 없이 살고 있으며, 많은 사람은 정전이 자주 발생하는 환경에서 살고 있다. 전력망이 없는 시골 지역에서는 대부분의 가정이 등유 램프로 빛을 밝히고 있다. 등유는 신뢰할 수 있는 자원이다. 등유를 태우면 빛을 얻을 수 있고 가정의 재정 상태에 따라 다양한 양을 구입할 수 있다.

그러나 등유는 심각한 건강상의 문제를 일으키는 유독가스를 발생시키기도 하고 가격도 비싸다. 특히 등유가 가장 필요한 농촌 지역에서는 더욱 비싸다. 2012년 세계은행World Bank의 보고서에 의하면 사하라 이남 지역 국가의 농촌 지역에서는 도시지역보다 등유 가격이 35% 더 높았다.

탄자니아의 가정들은 대개 미국의 작은 원룸 아파트의 냉장고와 TV, 전등, 전화와 컴퓨터의 전력을 공급하는 가격인 월 15~30달러를 등유를 사는 데 사용한다고 한다. 빈곤 가정에서 이 금액은 월수입의 상당 부분을 차지한다.

세계은행에서 발간한 2017년 '전력사용 보고서State of Electricity Access Report'에 의하면 사하라 이남 아프리카에 사는 약 10억 명의 사람들에게 2040년까지 전기가 보급된다. 하지만 인구 증가에 의해 5억 3,000만 명은 2040년까지 여전히 전기를 공급받지 못한다고 한다.

태양광의 공급

아프리카에서 태양광 발전 설비를 공급하고자 하는 기업들은 낮은 가격과 낮은 위험을 동시에 추구해야 한다. 등유를 조금씩 사는 데 익숙해져서 그다지 불편하지 않았던 사람들은 가동되지 않을 수도 있는 값비싼 전기 발전 설비를 받아들이는 것을 위험으로 느낄 것이다. 이러한 문제에 관한 해답은 선행투자 금액이 적은 시스템을 설계해 주민들로 하여금 등유를 구입하는 비용으로 태양광 전기를 구입할 수 있도록 해야 한다는 것이다. 오프그리드일렉트릭Off-Grid Electric 사는 탄자니아와 코트디부아르에서 주택용 태양광 시스템을 판매한다. 회사는 개인 주택에 설치될 패널의 자금을 대고 배터리, 몇 개의 LED 전등, 휴대전화 충전기와 라디오를 13달러 이하에 공급하는 기본 패키지를 판매한다. 3년 동안 월 8달러의 설치비용을 지급하면 이 패키지는 고객의 소유가 된다.

가정용 태양광 전기의 확산으로 인해 과거에 빛이 없던 아프리카 지역에 예상보다 빠르게 전기가 공급되고 있다. 그리고 예상과는 다른 방식으로 이루어지고 있다.

오프그리드일렉트릭의 설립자이자 CEO인 자비어 헬게슨Xavier Helgesen은 아프리카에도 미국처럼 전력망을 구축하고자 했다. 지구상에서 가장 부유한 국가 중 하나인 미국은 1940년까지 전국에 전기를 공급하지 못했다. 하지만 당시는 구리선과 전신주를 만들기 위한 목재, 석탄, 자본 비용이 저렴했던 시기였던 반면 지금은 이 중 어느 것도 저렴하지 않다. 그래서 헬게슨은 태양광을 선택한 것이다.

빛이 있는 삶

헬게슨이 처음 오프그리드일렉트릭을 시작할 때의 계획은 태양광 배터리 타워를 통해 태양광 마이크로 그리드를 구축하고 남은 전기를 지역에 판매하는 것이었다. 그러나 헬게슨은 이러한 사업모델이 얼마나 큰 비용이 소요될지를 깨달은 다음 회사를 흑자로 운영할 수 있고 고객에게 적절한 가격의 전기를 공급할 수 있는 새로운 사업모델을 모색했다.

가정용 태양광 발전은 고객에게 소비량을 가장 잘 통제하게 할 수 있다. 문제가 전혀 없지는 않았지만 대중을 만족시키고 태양광으로 전환하게 수 있는 모델이었다. 탄자니아에서 오프그리드일렉트릭의 대출 채무 중 지급불이행된 것은 2% 정도였다.

오프그리드일렉트릭을 비롯한 에너지 스타트업은 빛을 통해 아프리카의 안전을 만들고 있다. 빛은 도둑질과 같은 범죄를 방지할 수 있으며 뱀과 같은 위험한 동물을 더 쉽게 발견할 수 있도록 한다. 빛은 일하는 시간과 공부하는 시간을 연장시켜준다. 학생들은 학교 숙제를 저녁에 할 수 있으며 더 늦게까지 공부할 수 있다. 상점들은 더 오래 장사할 수 있다. 고객들은 전기를 이용해 정보에 접근할 수 있다. 농부들은 실시간 날씨 정보를 얻어 농사를 지으며, 상점 주인은 상품의 안정적인 공급을 위해 다른 도시에 있는 공급자와 의견을 주고받을 수 있다.

전기를 사용하게 된 사람들은 전기를 이용해 삶을 통제할 수 있게 되고 일상의 활동을 해가 뜨고 지는 것에 더 이상 맞추지 않아도 된다. 마지막으로 사람들은 전력을 수입 창출원으로 사용하고 있다. 잉여 에너지를 지역사회에 되팔 수 있는 것이다.

에너지 효율적인
주택이 뜬다

세계 최초의 진정한 패시브 하우스가 독일 슈투트가르트 프로젝트를 통해 세상에 등장했다. 액티브 하우스Aktivhaus B10이 제작하는 패시브 하우스는 '액티브 하우스'로, 에너지 성능을 향상시키기 위해 주택 스스로 자기학습 및 자동 활성화하는 주택이다.

패시브 하우스는 난방과 관련해 정부의 기준에 맞춘 고효율 에너지 성능을 갖추며, 냉각 시스템 및 환기도 고효율적으로 접근한 주택이다. 패시브 하우스보다 아직 덜 알려진 액티브 하우스는 현재 패시브 하우스의 기준에 맞추어 인정받고 있다. 액티브 하우스는 거주자에게 건강하고 쾌적하며 삶에 여유를 주는 주택으로, 100퍼센트 신재생에너지로 전기를 공급하는 주택 만들기에 초점을 두며 '환경에 긍정적인 영향'을 미치는 주택만 인정한다.

액티브 하우스B10 건축회사는 상표법에 의해 보호받는 패시브 하

319

우스의 정의를 만들었다. 건축가 베르너 소백Werner Sobek에 의하면 "액티브 하우스는 지속 가능한 방식으로 연간 총 에너지 소비를 상쇄해야 하며, 효율적인 에너지 정책에 따라 집 안과 밖에서 계속 에너지 흐름을 최적화해야 한다." 다시 말해 액티브 하우스는 화석연료나 원자력 에너지를 사용하지 않고 필요한 에너지를 자체적으로 생산해야 한다. 이 프로젝트는 E-연구소 프로젝트가 진행하며 지속가능한 건축법과 기술을 개발하는 슈투트가르트연구소의 자회사에 의해 운영되고 있다.

액티브 하우스는 주로 약 90m²의 단층 건물이다. 필요한 에너지의 200%를 주위에서 생산하는데, 집에서 사용하는 에너지 외에도 두 대의 전기자동차, 두 개의 전기자전거를 충전하고 남은 에너지는 스마트 그리드를 통해 이웃에 나누거나 판매한다. 집의 열 효율성을 높이기 위해 냉난방에는 태양광 배터리 외에도 히트 펌프, 얼음 저장 탱크 등을 이용한다.

액티브 하우스 B10에는 주택 환경에 반응해 성능을 지속적으로 최적화하는 '예측 자가학습 에너지 관리 시스템'을 적용한다. 조명, 난방, 환기 및 전기자동차의 충전까지, 건물의 에너지 사용량을 모두 모니터링하고 적절하게 에너지를 생산한 뒤 남은 에너지는 판매하는 시스템이다. 특히 전기차의 충전이 필요할 때도 집 안에서 사용하는 전기의 공급이 부족하지 않도록 충분한 양을 예측해 저장하는 것이 이 시스템의 주요 기능 가운데 하나다. 또 사람들이 출근하거나 외출하면 에너지 절약 모드로 자동 전환된다. 네트워크화된 자동화

시스템은 건물에 사람이 있는지 스스로 파악하며, 가열이 필요할 때 자동으로 켜지고 전기자동차의 위치를 GPS로 모니터링한다. 조명 스위치의 작동과 채광 블라인드 스위치는 서로 연결되어 자동으로 조절된다.

이 시스템은 사람들이 집에서 멀리 떨어져 있을 때는 모바일 앱을 통해 제어 가능하다. 액티브 하우스는 연간 약 8,300kW의 에너지를 만들고, 연간 4,200kWh를 사용할 것으로 예상된다. 송풍기, 문 및 환기 시스템 등은 패시브 하우스의 기준을 충족한다.

액티브 하우스 B10이 짓는 이 액티브 하우스들은 조립식 주택으로 수개월에 걸쳐 공장에서 만들어진 뒤 현장에서 조립된다. 액티브 하우스는 100퍼센트 재활용 가능하며, 17mm 두께의 진공유리를 사용한 창문과 섬유벽을 포함한다. 2014년 7월에 완공된 슈투트가르트의 액티브 하우스는 3년에 걸쳐 에너지 생산 및 활용을 실험한 뒤 2017년부터 판매에 들어간다.

태양을 향해 회전하는
태양광 주택

많은 주택소유자들이 더 환경적이고 가격이 저렴한 에너지원으로 태양광 패널에 투자하고 있다. 하지만 태양광 패널은 태양 빛을 직접 받을 때 가장 잘 작동한다. 즉 하루에 1~2시간만 최대한의 잠재력을 발휘한다는 의미다.

산타클라라대학교의 학생들이 태양광 에너지를 더욱 효과적으로 수확할 방법을 찾았다. 바로 태양을 따라 움직이는 회전 플랫폼 위에 작은 태양광 주택을 설계하고 건설하는 것이다. 이 주택을 설계한 테일러 마우Taylor Mawoo는 〈비즈니스 인사이더〉와의 인터뷰에서 '태양을 향해 회전하는 주택에 설치된 태양광 패널은 같은 크기의 다른 태양광 패널보다 30% 더 많은 에너지를 흡수할 수 있다'고 말했다.

리볼브rEvolve라는 이름의 회전 주택 설계는 제2회 작은집 공모전 Tiny House Competition에서 1등을 차지했다. 이 공모전은 새크라멘토 도시 전력지구 주최로 캘리포니아대학교에서 열리며 공모전의 목적은 가장 훌륭한 에너지 제로모든 에너지를 자체 생산하는를 구현한 작은집을 선발하는 것이다. 이번 공모전에는 10개 대학에서 각기 창작물을 제출했다.

학생들은 집을 건축하는데 6만 1,000달러, 태양 추적링이라고 부르는 플랫폼을 건설하는 데 2만 5,000달러가 들었다고 말했다. 학생들은 최초의 리볼브 하우스를 샌프란시스코에 있는 비영리기관인 오퍼레이션 프리덤 포스Operation Freedom Paws, OFP를 위해 건축했다. 이 기관은 장애를 입은 퇴역 군인들과 서비스 견을 연결해주는 일을 한다. 공모전이 끝난 뒤 이 기관에 기부된 주택은 베이 에어리어를 방문하는 퇴역 군인을 위한 임시 주택으로 사용된다.

이 주택은 8개의 330W 태양광 패널과 83Ah를 저장할 수 있는 배터리를 갖추고 있다. 태양광 패널은 언제나 태양 빛과 수직을 이룬다. 태양광이 적게 비치는 겨울에는 배터리에 저장된 에너지를 사용한다.

원형 집이
에너지를 절약한다

미국의 발명가이자 엔지니어, 건축가인 리처드 풀러Richard Buckminster Fuller는 건축에서 원형 집을 대중화시킨 것으로 유명하다. 지오데식 돔을 완성화고 유명세를 탄 그의 야망 중 하나는 인구 증가로 인한 주택 위기를 줄이는 것이었다.

원은 최소량으로 넓은 표면을 덮는 데 효율적인 형상이다. 크기가 비슷한 집을 비교했을 때 원형 집은 직사각형 집보다 표면 사용 영역이 30% 적다. 바람이 건물의 주변에 공전할 때 집을 향한 공기 압력이 감소한다. 따라서 최대 200km/h까지 폭풍우와 바람을 견딜 수 있다. 또 겨울에는 열이 유지되고 여름에는 시원하도록 기온이 적합하게 바뀐다.

1989년 산타크루즈 산에서 7.1리히터 규모의 지진이 일어나 로마 프리에타에 500개 이상의 주택이 파손되어 수리를 필요로 했다. 지진 지역에서 파괴되지 않은 유일한 주택은 원형 돔이었는데 이는 지진에 대비해 쉼터로 제작된 건물이었다. 다른 곳에서도 지진 토네이도, 허리케인 등 각종 자연재해가 발행해 주택이 파괴되었을 때 원형 집만이 온전했다.

지금까지 사각형 집에서만 살던 사람들이 원형 집에서 산다면 처음에는 어색하겠지만, 오픈된 원형 공간 어느 곳이든 벽을 끼워 넣고 제거하는 게 자유로워 훨씬 효율적으로 활용할 수 있을 것이다. 특히 재난재해가 잦아지는 미래에 더욱 필요한 집 형태다.

재난재해를 견디는
주택의 조건

2011년 자연재해로 인한 전 세계의 경제손실은 2,700억 달러에 도달했다. 대형 재보험회사는 기후변화로 인한 연간 경제손실이 곧 3,000억 달러에 도달할 것으로 예상했다.

그중에서도 태풍은 계속되는 온난화로 인해 우리가 가까운 미래에 맞이할 수밖에 없는 파괴적 자연재해의 하나다. 멕시코만에서 슈퍼 태풍이 높은 빈도로 발생하는데 그 규모와 강도는 악몽에 가까울 것이다. 최고 속도가 초속 90m로 엄청난 파괴를 가져온다. 순간 풍속 최고 기록인 태풍 매미가 초속 60m, 엄청난 피해를 가져온 허리케인 카트리나가 70m였던 점을 고려하면 속도를 상상할 수 있다.

2040년경에는 이런 태풍이 태국, 방글라데시, 미국의 상시 수몰 지역인 뉴올리언스 등에서 일상적으로 일어나고 그때마다 홍수가 동반되어 파괴된 일부 지역은 폐쇄될 것이다.

과학기술의 발달은 이런 파괴적 자연현상을 막기 위해 날씨를 인위적으로 조절하는 기술을 개발시킬 것이다. 인간이 개입해 태풍의 진로를 바꾸거나 태풍을 중지시킬 수 있게 된다면, 비록 기후변화의 근본적 해결책은 될 수 없을지라도 인류의 피해와 버려지는 땅은 줄어들 것이다. 이런 기술과 함께 주거의 안전성 역시 보장되는 집이 필요해진다.

저렴하고 신속하게 지을 수 있으며, 강력한 허리케인도 견딜 수 있는 주택이 개발되었다. 네덜란드의 건축기업인 큐비코Cubicco가 플로리다에서 선보인 조립식 주택으로, 강력한 철골 구조를 가지고 있어 허리케인에도 견딘다. 또 빗물과 태양광 발전을 하도록 만들어 지속 가능한 주택 기술이다.

플로리다에 실제로 완공된 집은 단층으로 64m^{2}의 규모에 방 두 개, 욕실 한 개, 사무실, 주방, 식사 공간, 라운지를 갖추었으며, 옵션으로 데크, 램프, 외부 현관을 확장할 수 있다. 이 주택은 필요한 경우 크기를 확장할 수 있으며, 홍수가 일어나도 물에 가라앉지 않도록 지을 수 있다. 큐비코의 조립식 주택은 원룸으로 설계 가능해 허리케인이 덮친 지역에서 쉼터로 사용할 수도 있다. 또 지붕은 3m 눈의 하중을 견딜 수 있으며, 풍속 290km/h의 바람을 견딜 수 있는 강력한 구조로, 5등급의 허리케인에도 안전하다.

나무로 덮인
지구 온난화 대안 주택

급속한 산업화로 화석연료와 바이오매스 에너지의 사용이 급속히 늘어 환경오염과 사막화가 진행되고 있는 중국이 식물의 힘으로 환경오염에 맞서고자 하고 있다. 그 모델로 중국 광시좡족자치구 중부에 있는 류저우를 숲의 도시Forest City로 건설 중이다.

이탈리아의 환경건축가 스테파노 보에리Stefano Boeri가 도시와 빌딩을 녹색 나무로 덮는 수직 숲 도시계획을 내놓았다. 보에리는 이미 밀라노에 고층빌딩 전면부를 푸른 나무와 관목류로 덮은 수직숲 빌딩 '보스코 베리티칼레'를 건설한 바 있으며, 류저우 시는 이런 숲 빌딩을 도시 전체에 조성해 이 지역의 악명 높은 대기 오염물질의 일부를 흡수하기를 기대하고 있다.

류저우의 숲도시는 기존 류저우 도시의 북쪽에 건설되며, 약 3만 명의 주민이 살게 된다. 또 4만 그루의 나무와 100여 종, 100만 포기의 식물이 심어져 매년 약 1만 톤의 이산화탄소와 57톤의 오염 물질을 흡수하고 900톤의 산소를 배출한다. 빌딩들은 지열과 옥상 태양광 패널로 필요한 전기를 충당한다.

류저우 숲 도시는 2020년 완공을 목표로 하고 있다.

10

주거지
혁명

극지방으로 옮겨가는
주거지

지구 평균기온이 4°C 상승한 뒤에도 온난화가 계속되면 2080년에는 기존에 동계올림픽이 열렸던 도시들에서 눈을 볼 수 없게 된다. 러시아의 소치, 프랑스의 샤모니, 독일의 가르미슈파르텐키르헨, 캐나다의 밴쿠버, 미국의 스쿼밸리 등 이전 개최지에 눈이 내리지 않는 것이다. 지금은 사람이 살 수 없는 환경이지만 온난화로 인해 미래에 새롭게 개척되는 북쪽 지역 외 기존 국가들에서는 눈을 보기 힘들어진다. 따라서 겨울 스포츠는 점점 실내로 이동하고 인공눈을 만들어 행사를 진행하거나 증강현실 및 몰입 가상현실 환경에서 개최될 것이다.

그뿐만 아니라 런던과 파리 등 주요 도시의 온도가 최고 40°C에 도달하고 대륙 남쪽의 일부는 50°C까지 상승한다. 또 지속적인 가뭄이 많은 강을 영구적으로 건조시키면서 스페인, 이탈리아, 발칸반도가 북아프리카와 비슷한 기후로 변한다. 그 결과 많은 유럽 국가들이 전통적인 농업에 종말을 고한다. 대안은 실내에서 실시되는 수직 농업이 될 것이다.

한편 기후변화로 인해 북반구에 사는 인구가 점차 북쪽으로 이동하면서 북극은 빠른 속도로 개발된다. 일부 농작물의 경우 위도가 가장 높은 곳에서도 일부 경작이 가능해진다.

극지방 대기의 온도는 남극 역시 빠른 속도로 높아져서, 인간이 거주할 수 있는 공간으로 변해간다. 2092년에는 남극 대륙의 일부가 지금의 알래스카, 아이슬란드 북부, 스칸디나비아의 기후와 비슷해진다. 이는 남극의 온난화가 세계 어느 지역보다 빠른 속도로 일어나고 있기 때문이다.

이 새로운 기회의 땅으로 이민자가 몰려들고 각 인종과 대륙의 문화가 융합된다. 어떤 측면에서는 남극 대륙의 정착이 18세기와 19세기에 유럽인들이 미국으로 이주하던 모습과 유사할 것이다.

물과 에너지를
자급자족하는 수상가옥

지구 온난화는 연평균 강우량을 증가시켜 해수면 상승을 가져온다. 해수면은 20세기에 약 19cm 상승했다. 해수면 상승의 40~50%는 온난화로 인한 해수 증가에 기인한다. 그 밖에 35%는 녹는 빙하에 기인하고, 5%는 인간이 지하수를 끌어올린 뒤 버리는 데서 기인한다. 해수면 상승은 그 속도가 점차 빨라지고 있다. 20세기의 해수면 상승이 연간 1.7mm였던 데 비해 오늘날에는 연간 3.2mm다.

2026년에 기후변화로 인한 해수면 상승으로 몰디브가 수몰된다. 알래스카의 섬 일부도 2020년대에 수몰할 것으로 보인다. 국가 전체가 수몰하지는 않더라도 방글라데시, 스리랑카, 인도, 오스트레일리아 역시 해안가 지역이 수몰 위기에 처해 있다. 기후변화로 인해 호우와 홍수가 빈번해지면서 2020년대 중반에 저지대인 갠지스강 삼각주의 인구 고밀도 지역이 수몰될 것으로 보인다. 이 지역에 설치된 건축물 등의 인프라가 손실되는 것은 물론, 해안선을 따라 펼쳐진 40km 정도의 땅에 농작물 재배가 불가능해지면서 식량난도 심각해진다.

IPCC의 조사에 의하면 2032년 대만의 18%에 달하는 국토가 수몰될 것으로 예측된다. 해수면 상승은 비슷한 시기에 동시에 일어나므로 일본, 제주도를 비롯해 인위적으로 만든 새만금 등이 10% 이상 수몰할 수도 있다. 2080년에 최대 100만 명이 매년 해수면 상승으로 거주지와 경작지 침수 및 수몰을 겪는다. 지역에 따라 가뭄이 심해지는 곳도 있겠지만 해수면 상승은 앞으로 폭발적으로 늘어날 것이다. 기온 상승과 맞물린 북극 빙하의 융해는 2100년까지 해수면을 거의 2m 정도 상승시킬 것으로 보인다. 그렇게 되면 해안가를 중심으로 수억 명에 달하는 난민이 발생할 것이다.

한번 수몰되면 염분에 젖은 땅에서는 농작물이 자라지 않고, 침수는 수시로 일어나서 결국 땅을 버리고 이주하는 수밖에 없다. 기후 난민이 발생하는 것이다. 비단 해수면 상승만이 아니라 에너지 및 물이 부족한 환경도 인간을 난민으로 만든다.

온난화를 막지 못하면 2060년경에는 지구촌의 15~30%가 수몰되는 상황에 이를 것이다. 땅이 줄어들면 난민이 갈 곳도 사라진다. 따라서 땅이 아닌 완전히 새로운 터전이 필요하다. 그 대안 가운데 하나가 바로 인공섬인 해상국가다.

땅 위의 집이라는 고정관념에서 벗어나 물 위의 집에서 사는 미래가 다가오고 있다. 그 첫 단계는 수상가옥이다.

물에 뜨는 집에 사는 것은 매우 낭만적으로 들릴 수도 있지만 매일 육지에서 물을 가져오는 고통과 발전기의 소리를 들어야 한다면 그런 흥분은 금방 사라진다. 좀더 편리한 수상생활을 위해 독일의 프라운호퍼Fraunhofer 연구소는 바지선처럼 보이지 않으면서 자체적으로 물과 전기, 열을 생산해 자급자족이 가능한 수상가옥을 만드는 데 노력을 기울이고 있다.

주택 공급 문제는 유럽의 많은 지역에서 반복적으로 일어나는 문제로 암스테르담과 런던의 운하에는 물에 뜨는 집이 오래전부터 있었다. 하지만 그런 집은 물과 전력을 실용적으로 공급받을 수 있는 곳에 위치하거나 다른 사람들과 먼 거리에 있다. 프라운호퍼 연구소는 좀더 편안하게 살 수 있도록 거주 가능한 수상가옥을 만드는 루세이션 아우타르텍 프로젝트를 진행하고 있다.

이를 위해서 프라운호퍼 연구소는 하부 구조체계와 교통 연구 기관과 세라믹 기술 연구기관, 그리고 산업적·교육적 파트너들이 가이어스발데 호수에 새로운 수상 가옥을 짓고 있다. 이 호수는 루자티안 구역의 호이어스베르다의 북서쪽에 있다. 루자티안은 유럽에서 가장 큰 인공 호수 구역으로 23개의 호수가 $13km^2$만큼 크고 아우타르텍 프로젝트는 전 탄광업 지역의 경제를 이루고 있다.

아우타르텍 프로젝트의 목표는 현대식 구조와 공학기술을 혁신적이고 효율적인 에너지 기술로 합치고자 진행되었다. 2층짜리 집은 13×13m의 철로 만들어진 수상 플랫폼 위에 있으며 물에 뜨는 고급 주택을 연상시킨다. 1층은 $75m^2$, 2층은 $34m^2$의 공간과 $15m^2$의 테라스가 있다.

이를 가능하게 하려면 제한된 공간에 들어갈 수 있으며 수상 플랫폼이 가라앉지 않을 정도로 가벼운 에너지 공급 기기가 있어야 한다. 프라운호퍼 연구소는 무거운 벽돌로 만든 굴뚝은 배제하는 대신 계단과 벽 안에 있는 리튬 고분자 배터리와 그것을 충전하는 태양광 패널로 짜인 벽 등을 고안했다.

난방과 냉방을 위해서는 공학자들은 염수화물의 과포화 용액이 불꽃을 빨아들이는 벽난로를 설치했다. 프라운호퍼 연구소에 따르면, 과포화 용액을 가열하면 액화 상태에서 열을 거의 무기한으로 저장하게 된다. 그 뒤 손난로처럼 원할 때 굳으면서 그 열을 방출한다. 이 기능을 통해 여름에는 열을 흡수하고 겨울에는 열을 방출해 온도를 조절할 수 있다.

프라운호퍼 연구소는 그밖에도 물을 자급자족하는 집을 만드는 방법도 연구 중이라서 에너지와 물을 자급자족하는 수상가옥이 곧 완성될 것으로 보인다.

에너지 섬에서
자급자족하며 사는 사람들

온난화를 막으려는 여러 가지 노력들은 계속되겠지만, 거대한 변화의 흐름을 막기에는 여전히 부족할 가능성이 높다. 온난화가 전문가들의 예측대로 진행된다면 22세기를 맞이하는 시점에 세계의 많은 도시는 바닷속으로 가라앉을 것이다. 특히 뉴욕, 런던, 홍콩, 상하이, 시드니 등 바다에 가깝거나 고도가 낮은 지역이 그 가능성이 높다.

많은 사람이 고향을 포기하고 타지로 강제 이동하게 되겠지만, 침수된 지역이나 기온 상승으로 사람이 살 수 없는 지역이 많아지면, 많은 인구가 땅이 아닌 곳에서 살아가는 방법을 선택하게 될 것이다. 바로 떠 있는 인공섬 형태의 주거지다. 연구가 한창 진행 중인 인공섬 역시 에너지와 물을 자체 공급하며, 그 밖에도 농업과 양식장 등 식량 생산까지 본격적으로 이루어지는 에너지 섬이 된다.

에너지 섬들은 해수를 담수화시키는 기술과 해양 발전소 기술을 보유한다. 물 부족은 지금도 일부 국가들에서 지속적으로 나타나는 문제이며, 갈수록 심화되어 2040년에는 많은 국가들이 기후변화와 인구 과잉으로 만성적인 물 부족을 겪을 것이다. 특히 개발도상국에서 심각한 문제로 작용하는데, 높아지는 기온으로 인해 호수와 우물, 그리고 저수지의 물이 고갈되기 때문이다.

에너지 섬은 2010년 처음 선보인 이래 해양의 열에너지 변환이 가장 이상적으로 이루어지는 열대 해안 지역에서 실험 및 건설이 진행되고 있다. 각 섬은 육각형의 모양으로 다른 섬들과 연결되어 인공적인 군도를 형성한다. 풍력 발전과 태양광 발전은 상갑판에 설치되고, 하단부에는 증발기계를 통해 해수를 마실 수 있는 물로 생산해내는 장치가 탑재된다. 250MW의 해양 온도차 발전 시스템ocean thermal energy conversion: OTEC은 단 한 기만으로 25만 가구의 에너지 수요를 충족시키고 매일 마실 수 있는 물 6억 리터를 제공할 수 있다. 남은 물은 지역의 농업과 산업을 지원하는 데 사용된다.

에너지 섬들은 또한 주택 단지, 양식장, 온실 및 물과 전력 생산 시설 외에도 생태관광 단지로 사용할 수 있다. 2040년에 본격적으로 들어서게 되는 에너지 섬은 계속 확장되어 22세기에 이르면 바다 전체를 에너지원으로 이용할 수 있을 만큼 커진다.

시스테딩 연구소Seasteading Institute의 설립자 페트리 프리드먼Patri Friedman이 에너지 섬을 도입하는 데 앞장서고 있다.

2100년 해상국가의 부상과 새로운 노마드의 등장

22세기에 들어서면 해안선에 거주하는 세계 인구의 10% 이상이 해상도시로 이주하며 수십억 명의 인류가 자신이 태어난 국가를 포기하고 새로운 국가를 찾아 나설 것이다.

에너지 섬은 배처럼 소수가 타고 여행하는 개념이 아니라 자급자족이 가능하며 전 세계를 떠돌지만 그 안에서 일상의 생활이 가능한 곳이다. 이런 특징으로 인해 굳이 기후 난민이 아니더라도, 여러 가지 이유로 인공섬으로 생활터전을 옮기는 사람들은 많아질 것이다. 가령 윤리나 신념, 생활방식이 같은 이들이 모여, 그들이 세운 규칙을 토대로 살아가는 것이다. 이를 '마이크로 국가' 개념으로 확장해서 볼 수도 있다.

시스테딩 연구소는 인공섬을 토대로 해상국가를 만드는 최종 목표를 갖고 있다. 태평양에 어느 정부의 간섭도 받지 않고 법과 세금으로부터 자유로운 도시를 건설한다는 꿈같은 프로젝트에 실리콘밸리는 2008년부터 투자를 시작했다. 하지만 어느 나라의 것도 아닌 공해상의 도시를 짓기 위해 가급적 육지와 가까운 건설 장소를 찾아야 했다. 장소 물색으로 곤란을 겪던 프로젝트가 최근 다시 움직이기 시작했다. 2017년 1월 13일 시스테딩 연구소는 프랑스령 폴리네시아와 인공섬 건설을 위한 양해각서를 체결했다. 이곳은 거주 시설은 물론, 병원, 발전소 등을 모두 갖춘 친환경 도시로 건설될 예정이며, 2019년 태평양 타히티에 건설을 시작해 이듬해 250~300명의 거주민을, 2050년에는 수백만 명의 사람을 수용해 그들에게 삶의 터전을 마련해주는 도시가 될 것이다.

떠다니는 국가는 땅에서 거주한 인류가 겪은 여러 가지 혼란과 어려움, 빈곤 등의 경험과는 대조적으로 안락함과 안전을 제공한다. 실내농업과 양식업을 통해 제공되는 음식은 풍족하고, 수목원 등을 조성해 육지와 유사한 자연환경을 제공하고자 한다.

보통 인공섬 하나에는 10만 명 이상의 인구가 거주한다. 이들은 국가별로 집단을 이루는 것이 아니라 특정 문화, 가치관, 윤리 등 성향별로 분류되어 집단을 이룬다. 이런 인공섬들이 더 발전하면 새로운 국가의 개념인 마이크로 국가가 된다.

수십 년 동안 발전을 거듭한 미래의 인공섬은 더욱 거대해져서 그 크기가 너비 수십 km 이상이 될 것이다. 그 안에 탄소 격리를 위한 첨단시스템을 갖추고, 식물을 배양하거나 동물의 서식처를 제공하는 등 생태계를 보전하는 기능도 할 것이다.

기후변화 온도조절용 지하주택 유행

미래에 지구 온난화와 다양한 전염성 질병, 공기 오염을 피하기 위해 육지에서는 대형 돔 도시가 건설될 것이다. 2100~2200년경에 바다로 나가지 않은 인구의 대부분은 돔 도시나 큰 산을 깎아내 그 안을 동굴처럼 파서 지은 집에 살게 될 것이라는 시나리오도 있다. 개미집처럼 만들어진 이 지하주택은 너비 약 4km의 도시를 이루며, 여기서 200~500만 명이 함께 살게 된다.

이것은 단순한 도시가 아니라 하나의 거대한 아파트 같은 형태로, 이렇게 집약적으로 모여서 살게 되면 각 가정이나 집에 제공해야 하는 전기나 연료 및 가스, 물 등을 한 곳으로만 제공하면 되기 때문에 에너지 등 다양한 자원을 절약할 수 있다. 또 사람들은 돔에서 모든 생활이 가능하기 때문에 이곳을 떠날 필요가 없게 되어 자동차나 계절마다 다른 의류 역시 필요하지 않다. 돔이 가장 쾌적한 환경을 인공적으로 만들어 제공하며, 교통편은 자기부상열차 등 새로운 교통 시스템으로 대체되기 때문이다.

돔 미래도시를 최초로 실현하고 있는 곳은 두바이다. 두바이홀딩 사는 세계 최대의 돔 도시를 건설할 계획이다. 세계 최대의 실내 테마파크인 이 돔 도시는 온도가 제어되는 도시로 총면적은 $4.5km^2$에 이른다. 이 엄청난 면적을 덮는 돔 천장은 개폐할 수 있는데 더운 여름에는 유리 돔 안의 공기를 조절해서 시원하게 보내고 선선한 겨울에는 돔을 개방하는 구조다. 주로 관광객을 대상으로 하는 이 도시는 호텔을 비롯해 뉴욕의 브로드웨이, 바르셀로나의 람블라스, 런던의 옥스퍼드 스트리트를 재구성하게 되며, 극장과 문화지구가 포함된다. 쾌적한 환경을 강점으로 건강 및 의료 서비스를 제공해 의료 관광객도 유치할 예정이다. 이 돔 시티는 완공까지 최저 10년이 걸릴 것으로 예상된다.

주거지가
우주로 확대된다

기후변화와 자원 고갈로 지구가 살기 어려운 곳이 되어가면 우주 개척을 위해 나서는 일도 영화 속 이야기만은 아니게 될 것이다. 〈마션The Martian〉이나 〈인터스텔라Interstellar〉처럼 우주 밖에서 살아갈 방법을 찾는 일부터 시작해 〈토탈리콜Total Recall〉이나 〈스타트렉〉처럼 화성도시나 그 밖의 우주도시가 만들어지는 미래도 언젠가는 찾아올 것이다.

그 시작은 태양계 행성 중에서 생명체의 존재 가능성이 가장 높은 화성에 유인기지를 만드는 것으로 시작된다.

2020년 NASA는 최신 화성 탐사 로봇 시리즈를 화성에 배치할 계획이다. 비용을 절감하기 위해 2012년에 화성에 도착한 큐리오시티 로버의 디자인을 바탕으로 하되, 이전 버전과는 다른 관측기기를 탑재한다. 이번 임무는 목적은 과거 삶의 흔적을 확인하는 것과 지구로 가져올 샘플 수집, 향후 인간이 직접 탐사에 나설 경우 필요한 기술을 미리 사용해보는 세 가지다.

30가지가 넘는 바위조각과 토양 샘플이 더 확실한 분석을 위해 지구로 반입될 예정인데, 측정 결과를 토대로 화성에서 먼지로 인한 위험에 대비할 기술을 개발하려는 목적을 갖고 있다. 또한 로버는 화성 표면 탐사에서 가장 중요한 기술인 정확한 지점에 착륙할 기술뿐만 아니라, 산소 및 연료로 변환할 이산화탄소를 화성 표면에서 채집할 방법을 찾는 데도 도움을 줄 것이다.

이 탐사 프로젝트는 2030년에 화성에 인간을 보내려는 NASA의 장기적인 목표를 향해 나아가는 중요한 단계다.

우주엘리베이터와
우주호텔

NASA가 국제우주센터에서 더 많은 우주인을 수용하기 위해 집을 짓는 실험에 성공했다. 2016년 5월 20일에 이루어진 이 실험에서 NASA는 국제우주정거장 ISS에 비글로 팽창성 활동 모듈Bigelow Expandable Activity Module, BEAM을 성공적으로 설치했다. 이 우주 거주용 모듈은 지구에서 발사할 때는 접은 채로 우주정거장에 보낸 뒤 필요할 때 우주에서 공기를 주입해 팽창시킨다. 공기를 주입할 때 팝콘을 튀길 때 나는 소리와 비슷한 소리가 나며, 실제로도 팝콘이 튀겨지듯 부푼다. 7시간 동안 공기를 주입한 BEAM은 지름이 긴 쪽이 약 4m, 짧은 쪽이 3.2m의 방 1개 크기의 공간이 된다.

비글로 항공우주산업Bigelow Aerospace이라는 기업이 개발한 BEAM은 우주호텔을 개발하기 위한 첫 단계로 기획되었다. 이 기업은 또한 로켓 제조사와 제휴해 2020년대에 달 근처에 우주 거주시설을 개발할 목표도 세웠다.

BEAM은 2년 동안 국제우주정거장의 평온 모듈에 부착된 상태로 유지된다. 이 실험이 성공하면 전문가들은 화성으로 우주인을 보낼 경우 BEAM을 사용할 수 있을지 결정할 것이다. 인류의 거주지가 마침내 화성까지 확장되는 역사가 시작된 것이다.

달에 주택을 만들더라도, 달까지 이동이 쉽지 않으면 주거지로 무용지물이 된다. 따라서 인간의 달 거주는 달까지 이동을 쉽게 해주는 우주엘리베이터의 개발과 함께 진행될 것이다.

우주엘리베이터 개발은 신소재인 탄소나노튜브의 상용화에 달려 있다. 여섯 개의 탄소로 이루어진 육각형들이 서로 연결되어 관 모양을 이루는 신소재 탄소나노튜브는 전기전도율이 구리와 비슷하고, 열전도율은 자연계에서 가장 뛰어난 다이아몬드와 같으며, 강도는 철강보다 100배나 뛰어난 신소재다. 탄소섬유가 1%만 변형시켜도 끊어지는 반면, 탄소나노튜브는 15%가 변형되어도 견딜 수 있어 반도체로서의 다양한 응용이 가능하다. 지금은 불과 몇 cm로 제한된 구조를 가지고 있지만 이 기술적 한계를 극복해 길고 넓고 높게 쌓거나 늘려서 생산할 수 있게 되면 상용화가 가능할 것이다.

전문가들은 대략 2040년에 탄소나노튜브의 상용화가 이루어질 것으로 예상한다. 강도가 뛰어난 탄소나노튜브를 케이블로 연결함으로써 고도 3만 6,000km에 있는 우주정거장까지 갈 수 있는 우주엘리베이터는 안전할 뿐만 아니라 우주왕복선보다 비용도 저렴하다.

탄소나노튜브로 우주엘리베이터를 만드는 아이디어는 NASA로부터 시작되어 여러 우주산업 관련 기업들의 지원으로 연구가 계속되고 있다. 그중에서 캐나다의 토트테크놀로지Thoth Technology가 2015년 8월 17일 저렴한 우주엘리베이터 제조를 위해 미국 특허를 받았다.

토트테크놀로지가 취득한 우주엘리베이터 특허는 지구 표면에서 19km에 도달하는 독립형 우주타워까지 연결하는 승강기 제조기술이다. 지름 230m의 넓이에 공압식 구조를 만들어 승강기를 올리는 기술로, 안전하고 완전성을 유지하기 위한 가압 시스템이 중요하다. 지구 표면에서 우주타워까지 가는 15~19km 구간은 대기압이 낮은 곳으로 사람이 승강기에 타면 피가 외부로 빠져나가는 위험이 있는 등 다양한 의료적 도전이 있다.

토트테크놀로지의 최종 목표는 3만 5,400km의 정지궤도에 있는 위성까지 닿는 우주엘리베이터를 만드는 것이다. 로켓을 이용하면 1kg당 약 2만 5,000달러 정도의 비용이 드는 데다 로켓으로 보낼 수 있는 사람은 극히 한정적이다. 하지만 우주 승강기를 만들면 많은 사람을 손쉽고 저렴하게 우주 궤도에 실어 나를 수 있다.

우주엘리베이터의 제조는 상당한 도전이다. 하지만 토트테크놀로지가 선보인 설계는 지금까지의 우주엘리베이터 디자인 특허 중 가장 저렴하게 설계할 수 있는 특허다. 아직은 실현이 요원하지만, 적용 가능한 첨단 기술들이 개발되면 생활권을 우주로 확장해주는 우주엘리베이터 완성도 공상과학 소설의 이야기만은 아닐 것이다.

2050년경에는 우주 엘리베이터를 이용해 사람들과 각종 소모품을 우주로 이동시킬 수 있을 것이다.

2035년
사람은 달에서 살게 된다

우주 엘리베이터와는 별개로 지구에서 가장 가까운 천체인 달에 인공 거주지를 만들고자 하는 노력 역시 계속되고 있다. 달은 인류가 발을 디딘 최초이자 유일한 지구 밖 천체인 만큼 인류 최초의 기지를 건설한다는 목표도 현실성 있게 들린다.

2020~2030년대 초반에는 중국, 러시아, 인도 등 많은 국가들이 경쟁적으로 달에 착륙선을 발사해 달 탐사를 벌이게 된다. 그 경쟁의 마지막 단계가 달 유인기지 건설 계획이다. 2020년대 후반과 2030년대 초반에 러시아와 미국은 달 궤도에 정거장과 원격 표면탐사를 위한 로봇기지를 건설할 계획을 가지고 있다. 그리고 마침내 2030년대 중반에 달 표면에 첫 번째 유인기지가 세워질 것이다.

이 계획이 실현 가능해지는 가장 큰 요인은 발달한 3D 프린팅 기술로 달의 표토를 이용한 건축이 가능해지기 때문이다. 이는 우주 개척의 가속화가 이루어지는 의미 있는 지표로, 우주비행의 상용화는 물론 우주 자원 채집의 가능성도 보여준다.

달과 관련된 프로젝트의 대부분은 국제 협력의 결과이면서, 한편으로는 개별 국가의 프로그램이 운용되는 방식이다. 예를 들어 러시아는 2010년대 초반부터 달 기지를 계획해왔으며, 향후 수년 내에 그 목표를 이루어줄 유인 우주선의 달 착륙을 성공시킬 것으로 보인다.

중국은 더 야심 찬 계획을 가지고 있다. 중국은 2020년까지 국제 협력이 아닌 독자적인 유인기지 건설이라는 목표를 가지고 움직이고 있다. 한편 미국의 달 개발 관련 투자는 거의 비글로 항공우주산업 같은 민간기업이 진행해왔다. 하지만 첫 번째 화성 착륙과 함께 NASA는 더 적극적인 움직임을 보이고 있으며, 최근 몇 년 동안 달 탐사에 대한 재조명도 이루어지고 있다. NASA의 달 유인기지 완성까지는 아직 시간이 걸리겠지만 프로젝트는 이미 시작되었다.

일본, 인도, 이란, 유럽 등 다른 국가들은 스스로 달에 갈 기술력이 없기 때문에 당분간 이 국가들의 우주 개발 산업은 합작 투자의 형태로만 진행된다. 더구나 달 탐사 비용 역시 만만치 않아 대부분의 국가에서 경제적, 정치적 장벽에 직면해 있다. 지속적인 발전이 이루어지고 있지만, 독립적인 우주 개발 프로그램의 운용까지는 아직 몇 년이 더 걸릴 것으로 보인다. 다만 인도의 경우 경제가 지속적으로 확장하고 세계 주요 전력으로 가장 빠르게 나아가고 있는 국가이며, 우주비행 기술 역시 갖추고 있어 유인기지 건설의 가능성이 매우 높게 점쳐지고 있다.

화성에서
자급자족하는 방법

화성에 관해 이야기하는 고전 SF 소설들은 종종 귀중한 자원을 얻기 위해 지구를 침공하는 화성인을 다루었다. 그렇지만 현실은 가까운 미래에 인간이 화성을 침공하게 된다.

2059년이 되면 여러 국적의 과학자 집단이 화성으로 이주한다. 최초의 민간 관광객 역시 화성에 도착할 것이다. 핵 펄스 엔진이 화성으로 여행하는 시간을 6개월 이하로 줄여주며 더 빠르고 저렴한 가격을 제공한다. 참고로 비교적 최근에 큐리오시티 탐사선을 싣고 화성으로 간 아틀라스 로켓은 2011년 11월 26일에 출발해 약 9개월 동안 비행한 뒤 2012년 8월 6일 화성에 도착했다.

2017년 NASA는 태양계의 네 번째 행성인 화성을 향한 2억 2,500만km의 항행 계획을 발표했다. 이 전략에 따르면 화성을 향한 '딥 스페이스 미션Deep Space Mission'을 실행하기 위한 준비 기지로 달 궤도에 위치하는 유인 우주정거장 건설 계획이 포함되어 있다. '딥 스페이스 게이트웨이Deep Space Gateway'라는 이름을 가진 화성 탐사 프로젝트의 유인 전진기지는 화성탐사선 '딥 스페이스 트랜스포트Deep Space Transport'의 발사대가 된다.

2030년 초가 되면 화성 탐사 시도가 시작된 이래 최초로 우주 비행사가 인간의 발자국을 화성 표면에 남기게 될 것이다.

물 자체 공급하는 방법

화성에 물이 있다는 증거는 많다. 과학자들은 붉은 행성 표면에 물이 흐른 흔적을 나타내는 줄무늬로 볼 때 화성에 액체 상태의 물이 존재했다는 결론을 내렸다. 2015년 NASA는 화성 표면의 바위 아래 엄청난 얼음 저장고가 있음을 발견했다고 발표했다.

그러나 초기 화성 여행자들이 화성의 수자원을 쉽게 이용하기는 어렵고 얼음 저장고에 접근하는 것도 비용이 많이 든다. 대신 미래의 우주비행사들은 캘리포니아대학교에서 개발한 수분 수확기와 같은 기기를 사용하게 된다. 태양광으로 전원을 공급받는 수분 수확기는 20% 미만의 습도를 가진 공기 중에서 물을 끌어당기는 금속유기구조를 적용한 기술이다. 이 연구 결과는 얼마 전에 〈사이언스Science〉지에 발표되어 가능성을 인정받았다.

수분 수확기 시작품은 2파운드의 금속유기구조를 사용해 12시간 동안 공기 중에서 약 2.85리터의 물을 수확했다. 20년 전에 최초의 금속유기구조를 발명한 캘리포니아대학교 연구팀의 오마르 야기Omar Yaghi는 "화성의 상대 습도 수준이 20% 이상이라면 이 기기는 확실하게 작동할 것"이라고 말했다.

수분 수확기는 지구의 건조 지역에도 도움이 되며 화성에서도 유용하다. 사막과 같은 환경이지만 야간의 상대 습도는 80~100%에 이르는 환경에서 쉽게 대기 중 수분을 흡수할 수 있다는 것이다.

건축을 위한 3D 프린트

도구와 부품을 제조할 수 있는 3D 프린팅 기술은 화성 식민지 이주민들에게 도움이 될 것이다. 이주민들이 가져갈 수 있는 화물은 트렁크 하나 정도에 불과할 것이기 때문이다.

노스웨스턴대학교 연구팀은 2017년 4월 화성과 달의 먼지를 사용해 구조물을 3D 프린트하는 기술을 선보였다. 실제 화성과 달의 먼지는 아니지만 크기와 모양을 모방해 NASA의 승인을 받은 것이다. 라밀 샤Ramille Shah 교수가 이끄는 연구진 '3D 페인팅'이라고 부르는 공정을 이용해 신소재인 그래핀과 탄소나노튜브 같은 것을 인쇄하기 위해 사용했던 새로운 잉크를 사용한다. 이 연구는 최근 〈네이처 사이언티픽 리포트Nature Scientific Report〉에 발표되었다.

노스웨스턴대학교에서 언론에 발표한 자료에 의하면 90%의 먼지로 구성된 3D 페인트 소재는 고무처럼 유연하고 견고하다. 이 소재는 3D 프린트된 후에 자르거나 말아서, 또는 접어서 다른 모양을 만들 수 있다. 레고처럼 서로 맞물리는 조각으로도 만들 수 있다. 라밀샤 교수는 "다른 행성이나 달처럼 자원이 제한된 곳에서는 살아가기 위해 그 행성에서 사용할 수 있는 소재를 사용해야 한다. 우리가 개발한 3D 페인트 기술은 지구 밖에서 주거지를 만드는 데 기능적이고 구조적인 물체를 제작할 가능성을 열어준다"고 말했다.

제2의 고향

NASA는 화성에 거주지를 만들기 위해 이글루 방식의 독자적인 솔루션을 개발하고 있다. 엄밀히 따지면 '화성 아이스 홈'은 지구에서 얻은 물질로 이루어진 튜브형 팽창식 구조물이며 얼음으로 덮이게 된다.

팽창식 구조를 채택한 이유는 가벼워서 운송이 편리하다는 점 때문이다. 얼음을 택한 이유는 방사선의 탁월한 차폐 재료이기 때문이다. 우주 방사선은 우주 임무에서 인간이 직면하게 되는 가장 큰 위험 요소의 하나로 장기간 노출되면 암이나 방사선질환을 유발하게 된다. 그 대안 가운데 하나가 주택과 실험실, 기타 건축물을 지표면 아래에 매립해 선사시대처럼 동굴생활을 하는 것 이다.

NASA 랭글리 연구센터의 화성 아이스 홈 프로젝트 수석 연구원인 케빈 켐프톤Kevin Kempton은 "NASA에서 선택한 모든 재료는 반투명해서 일부 햇볕은 투과되어 동굴이 아니라 집에 있는 것처럼 느낄 수 있을 것"이라고 말했다.

하루에 사과 한 알

영화 〈마션〉을 보면 화성에서 조난당한 마크 와트니는 화성의 흙에 배설물을 섞어 감자를 재배한다. 하지만 현실의 연구진들은 미래 우주 비행사들에게 신선한 과일과 채소를 공급하기 위한 방법으로 수경재배를 연구하고 있다.

NASA와 애리조나대학교, 그리고 민간 기업의 협력으로 진행되는 생체재생 생명지원 시스템bioregenerative life support system, BLSS: 우주선 안에서 자체적으로 식량을 조달하는 시스템이 그것이다.

재배 공정에서 나온 폐기물을 처리해서 재활용하는 시스템은 영양분이 충분히 들어 있는 물에서 시작한다. 영양분이 풍부한 물이 식물의 뿌리를 통해 양분을 제공하며, 사람이 발생시키는 이산화탄소는 식물이 흡수하게 해 사람과 식물에 서로 이익이 되도록 한다. 또한 식물은 광합성 과정에서 산소를 생산한다.

애리조나대학교 통제환경농업센터 소장이며 생체재생 생명지원 시스템 프로젝트의 수석연구원이었던 진 쟈코멜리Gene Giacomelli는 프로젝트가 2004년에 시작되었으며, 남극에서 식품 재배 격실을 설계하고 건설해 운영하고 있다고 말했다. 온 세상이 얼음으로 덮인 남극 대륙에서 자라는 식물은 남극의 기지 대원들에게 정신적으로 위안을 주는 효과도 있다고 한다. 이곳에서 개발된 시설과 재배 방법을 미래 극한 환경인 화성의 우주 농장에서도 활용하게 될 것이다.

도전과제

물론 우주비행사가 화성에서 빨갛고 맛있는 사과를 재배하게 되기까지는 수많은 일이 선행되어야 한다. NASA와 상업 파트너들은 미래의 임무 수행을 위해 중량물을 수송할 수 있는 차세대 로켓을 개발하고 있다. 화성으로 인간을 보내는 딥 스페이스 해비타트 모듈을 개발하기 위한 프로젝트들도 진행하고 있다.

극복해야 할 심각한 장애 요인들은 여전히 남아 있다. 예를 들어 방사선 문제가 있다. 유럽우주기구European Space Agency, ESA의 지원을 받는 연구진들은 최근 사람과 장비에 미치는 방사선 효과와 위험을 연구하기 위해 우주 방사선을 모방한 기기를 만들어냈다고 발표했다. 인간이 우주에서 건강하게 머물 수 있도록 하기 위한 항공우주 의학 연구 역시 진행 중이다.

집에서 멀리 떨어져 지내게 되는 사람들의 정신건강 역시 중요한 문제다. 사람은 1년이나 걸리는 긴 여행에 견딜 수 있을 만큼 정신적으로 강인한가? 이를 알아보기 위해 남극에서 겨울을 보내는 사람들에 대한 연구도 병행해 진행되고 있다.

1957년 세계 최초의 인공위성인 러시아의 스푸트니크 위성이 발사되어 우주 시대가 시작된 지 100년이 되지 않아 인류는 화성에 발을 디디게 될 것으로 기대된다.

2130년 달에
대규모 거주지 탄생

탄소나노튜브로 만든 우주 엘리베이터가 완성되면 인류는 저렴한 비용으로 빠르고 안전하게 우주에 접근할 수 있게 된다. 유전공학의 발전이 인간으로 하여금 달의 중력에 완전히 적응할 수 있도록 도와줄 것이다. 또 일부 과학자들은 인공중력 시스템을 개발해 달 식민지에 지구와 같은 중력을 발생시킬 것이다. 그 결과 각국의 달 식민지들이 수십 개 규모로 형성되는 시점이 약 2130년경으로 예측된다.

다양한 우주 엘리베이터가 개발되면서 엄청난 수의 사람들이 빠르고 저렴하고 안전하게 우주에 갈 수 있게 될 것이다. 나노기술의 자가조립 기술로 몇 시간 또는 며칠 만에 주거지를 구축할 수 있어 영구적인 달 식민지가 여러 군데 만들어질 것이다. 이런 기술적 발전이 더욱 빨라지고 적극적으로 진행되는 이유는 22세기가 되면 온난화의 영향으로 지구에서 인류가 거주할 수 있는 땅이 줄어들기 때문이다. 지구에서 주거지는 기후가 서늘하고 물을 얻는 것이 용이한 남극 지역에 집중될 것이다.

달 식민지 주민들은 기본 탐사 및 조사와 더불어, 과학 기술 연구직에 종사한다. 대부분 손을 쓰는 육체적 작업은 로봇이 하기 때문에 인간 주민들은 더 많은 여가 시간을 갖게 될 것이다. 또 현실과 구분되지 않을 정도로 생생하게 재현되는 가상현실로 달의 주민들은 지구에서의 삶과 여행 등을 그대로 즐길 수도 있다.

장거리 천문 관측을 할 수 있는 거대한 망원경도 운용된다. 대기가 없기 때문에 지구의 망원경보다 더 멀리 볼 수 있는 등 큰 이점을 제공할 것이다.

주거혁명 2030

초판 1쇄 발행 2017년 11월 17일
초판 2쇄 발행 2019년 3월 25일

지은이 박영숙 · 숀 함슨
발행인 박영규
총괄 한상훈
편집장 김기운
기획편집 김혜영 정혜림 조화연 **디자인** 이선미 **마케팅** 신대섭

발행처 주식회사 교보문고
등록 제406-2008-000090호(2008년 12월 5일)
주소 경기도 파주시 문발로 249
전화 대표전화 1544-1900 **주문** 02)3156-3681 **팩스** 0502)987-5725

ISBN 979-11-5909-624-2 03320
책값은 표지에 있습니다.

이 책의 내용에 대한 재사용은 저작권자와 교보문고의 서면 동의를 받아야만 가능합니다.
잘못된 책은 구입하신 곳에서 바꾸어 드립니다.